हुए मर के हम जो रुसवा

हुए मर के हम जो रुसवा

नरेन्द्र कोहली

वाणी प्रकाशन

वाणी प्रकाशन
4695, 21-ए, दरियागंज, नयी दिल्ली 110 002

शाखा
अशोक राजपथ, पटना 800 004

फ़ोन : +91 11 23273167 फ़ैक्स : +91 11 23275710

www.vaniprakashan.in
vaniprakashan@gmail.com

HUYE MAR KE HAM JO RUSWA
by Narendra Kohli

ISBN : 978-93-5072-901-4
Satire

प्रथम संस्करण 2015

मूल्य : ₹ 195

हर्ष प्रिंटर्स, दिल्ली-110 093 में मुद्रित

वाणी प्रकाशन का लोगो मक़बूल फ़िदा हुसेन की कूची से

भूमिका

पिछले कुछ वर्षों से मेरा स्फुट व्यंग्य-लेखन प्रायः स्थगित है। इन वर्षों में या तो उपन्यास ही लिख पाया हूँ, अथवा आवश्यक होने पर व्यक्तिगत निबन्ध। अपनी सृजन-प्रक्रिया में होते हुए इस परिवर्तन से परिचित तो हूँ, किन्तु उस पर मेरा वश नहीं है। जीवन के अनुभवों के गहरे और विस्तृत होने के साथ-साथ या तो छोटी रचनाएँ भी बहुत कुछ कहने की आवश्यकता की मजबूरी में खिंचकर लम्बी होती जाती हैं, या किसी उपन्यास के लेखन में लगे होने के कारण छोटी रचनाओं के विचार स्वयं ही टल जाते हैं, या मैं ही उन्हें टाल देता हूँ। यह तो जानता हूँ कि 'कथा' तथा 'व्यंग्य' दोनों तत्त्व मेरे भीतर ऊधम मचाते रहते हैं, किन्तु लौटकर फिर छोटी कहानियों तथा छोटे व्यंग्यों पर आऊँगा, या अब उपन्यास तथा व्यंग्य-उपन्यास ही लिखूँगा—यह कहना कठिन है।

अपनी व्यंग्य-रचनाओं में से 'श्रेष्ठ' का चुनाव कैसे करूँ? श्रेष्ठ रचनाएँ किन्हें मानूँ, जो मुझे प्रिय हैं या जो प्रशंसित हुई हैं? जो लोगों का मनोरंजन करती हैं या जो प्रखर प्रहार करती हैं? जिनमें बात कटु है या जिनका शिल्प नया बन पड़ा है?

मुझे लगता है कि लेखक एक सीमा तक ही अपनी रचनाओं के प्रति तटस्थ हो सकता है। फिर भी उसके लिए अपनी रचनाओं में से कुछ का चुनाव असम्भव हो, ऐसी बात नहीं है, क्योंकि अन्य लोग भी तो अपने पूर्वाग्रहों से मुक्त नहीं हो पाते। इसलिए मेरा ही चुनाव क्या बुरा है! अतः मैंने बिना किसी से पूछे, अपने-आप अपनी रचनाएँ छाँट डाली हैं। वे रचनाएँ श्रेष्ठ हैं या नहीं, इसका निर्णय मैं नहीं कर सकता। मैं तो केवल यह कह रहा हूँ कि अपनी रचनाओं में से चुनाव मैंने अपनी इच्छा और पसन्द से किया है। 'श्रेष्ठता' के साथ मैंने प्रतिनिधित्व का भी ध्यान रखा है। प्रयत्न किया है कि विषय, शिल्प तथा तकनीक के वैविध्य को भी महत्त्व दूँ।

व्यंग्य को स्वतन्त्र विधा मानने के विरुद्ध सबसे बड़ी आपत्ति यह है कि व्यंग्य आज विभिन्न विधाओं में लिखा जा रहा है—कविता में, कहानी में, निबन्ध में, उपन्यास में, नाटक में। किन्तु ऐसी आपत्ति करने वाले भूल जाते हैं कि कथा-साहित्य भी महाकाव्यों में लिखा गया, नाटकों में लिखा गया, बृहत् उपन्यासों, लघु उपन्यासों, कहानियों तथा लघुकथाओं में लिखा गया। कविता महाकाव्य, खंडकाव्य, काव्य, गीत, नाटक इत्यादि छोटे-बड़े अनेक रूपों में लिखी गयी। नाटक पद्य-रूपक, गीति-काव्य, स्वतन्त्र नाटक, एकांकी इत्यादि रूपों में लिखा गया।

इन सारी विधाओं पर विचार करने से, सहज ही यह निष्कर्ष निकलता है कि विधा की दृष्टि से साहित्यकार के व्यक्तित्व का मूल तत्त्व ही निर्णायक तत्त्व है : जो व्यंग्य के सन्दर्भ में साहित्यकार का सात्विक, सृजनशील तथा कलात्मक, वक्र आक्रोश है। इतनी बात हो जाने के पश्चात, आगे का वर्ग-विभाजन भी किया जा सकता है कि व्यंग्य की कैसी रचना को, शुद्ध व्यंग्य माना जाये और किस रचना के साथ अन्य विधाओं का मिश्रण होने के कारण किसी अन्य विशेषण की आवश्यकता होगी।

हिन्दी के व्यंग्य-साहित्य को देखें तो यह बात स्पष्ट हो जाती है कि स्वतन्त्रता-प्राप्ति के बाद से, सामाजिक-राजनीतिक विसंगतियों के कारण, भारतेन्दु-युग के पश्चात्त व्यंग्य का टूटा हुआ सूत्र न केवल फिर से पकड़ा गया, वरन् नवीनता और निखार के साथ दृढ़ किया गया। 'व्यंग्य संकलन' के नाम से पुस्तकें छपीं, उनमें ऐसे व्यंग्यात्मक निबन्ध थे, जो न तो निबन्ध की परम्परागत परिभाषा में आते हैं, न कहानी की। हिन्दी के स्वातन्त्र्योत्तर व्यंग्य साहित्य की रीढ़ ये रचनाएँ ही हैं, और इन्हीं रचनाओं ने व्यंग्य को हिन्दी साहित्य में स्वतन्त्र विधा के रूप में प्रतिष्ठित किया। इस मूल विधा की परिधि पर व्यंग्य-कथाएँ, व्यंग्य-उपन्यास तथा व्यंग्य-नाटक स्थापित हुए।

कविता में भी व्यंग्य लिखे अवश्य गये, किन्तु कवि इस विधा की स्वतन्त्रता के विषय में इतने गम्भीर दिखाई नहीं पड़े, जितने कि गद्य-लेखक। व्यंग्य-कवियों की महत्वाकांक्षा कवि बनने की ही रही, गद्य में लिखने वाले व्यंग्यकारों की, व्यंग्यकार बनने की।

कुछ अतिरिक्त शास्त्रीय समीक्षक व्यंग्य को केवल एक 'शब्दशक्ति' के रूप में ही स्वीकार करते हैं। मुझे यह मानने में कोई आपत्ति नहीं है कि हिन्दी साहित्य के रीतिकाल तक, व्यंग्य या तो एक शब्दशक्ति था, या अन्योक्ति, वक्रोक्ति अथवा समासोक्ति जैसा अलंकार। किन्तु समय और परिस्थितियों के परिवर्तन के साथ विधाओं का विकास भी होता है, और नयी विधाओं का निर्माण भी। हम व्यंग्य को आज के सन्दर्भ में देखें तो पाएँगे कि आज के व्यंग्य-उपन्यासों, व्यंग्य-निबन्धों, व्यंग्य-कथाओं तथा व्यंग्य-नाटकों में व्यंग्य के शब्दशक्ति अथवा अलंकार मात्र नहीं हैं। उसका विकास हो चुका है और वह शास्त्रकार से माँग करता है कि वह व्यंग्य-विधा के लक्षणों का निर्माण करे।

किसी विधा को एक ही भाषा के सन्दर्भ में देखना भी उचित नहीं है। सम्भव है कि यह कहा जा सके कि अमुक भाषा में व्यंग्य नहीं है। किन्तु संसार की किसी भाषा में व्यंग्य अथवा 'सैटायर' स्वतन्त्र विधा ही नहीं है, और वह स्वतन्त्र विधा हो ही नहीं सकता, ऐसा कहना मुझे उचित नहीं जँचता।

–नरेन्द्र कोहली

अनुक्रम

डिग्रियाँ

वे विश्वविद्यालय के उपकुलपति बने तो मैं उनसे मिलने गया। बोला, "बधाई हो। मन्त्रीजी ने आपको उपकुलपति बना दिया।"

वे नाराज हो गये। बोले, "मन्त्रीजी ने खामखाह बना दिया। रिश्तेदारी ने बनाया। मन्त्रीजी क्या चीज हैं? मैं उनका रिश्तेदार न होता तो वे मुझे उपकुलपति बना सकते थे?"

"नहीं।" मैं बोला।

"इसलिए कहता हूँ," उन्होंने मुझे समझाया, "संसार का नया ज्ञान सीखो। बोलो, अक्ल बड़ी कि भैस?"

"अक्ल!" मैं बोला।

"गलत," उन्होंने मुँह बनाया, "भैंस बड़ी है। एक समय में छह-सात किलो दूध देती है। वह भी खालिस। अक्ल साली क्या खाकर छह-सात किलो खालिस दूध देगी।"

"ठीक है!" मैंने कहा।

"और मन्त्री बड़ा कि रिश्तेदारी?" उन्होंने पूछा।

"रिश्तेदारी।" मैंने उत्तर दिया।

"इस बार ठीक है।" वे प्रसन्न हुए, "तो तुम भी रिश्तेदारी का प्रसाद पाओ। एक प्रेस खोल लो।"

"प्रेस! वह क्यों?" मैंने भौचक होकर पूछा।

"इसलिए, क्योंकि मैं कहता हूँ।" वे बोले, "मैं अर्थात् इस विश्वविद्यालय का नया उपकुलपति।"

"पर आप क्यों कहते हैं?" मैंने जिद करके पूछा।

"अबे, डिग्रियाँ छपवानी हैं।" वे बोले, "थोक के भाव।"

"थोक के भाव!" मैं और हैरान हुआ, "यह क्यों?"

"ऐसा है," वे मेरी नादानी पर झुँझलाये, "कि उनकी जरूरत पड़ेगी। देखो, पहले तो यह होता था कि लड़के परीक्षाएँ पास करते थे और दीक्षान्त-समारोह पर अपनी डिग्रियाँ लेते थे। अब यह बात नहीं रही।"

"अब क्या हुआ है?" मैंने पूछा।

"अब लड़के परीक्षा में बैठने की जगह उपकुलपति के घर पत्थर मारकर डिग्री लेना ज्यादा सुविधाजनक मानने लगे हैं।" उन्होंने कहा।

"तो आप क्या करेंगे?" मुझे उनसे सहानुभूति हो आयी, कहाँ फँस गये बेचारे!

"कई बातें सोच रहा हूँ।" उन्होंने अपनी टोपी सिर के पिछले भाग में खिसका-कर माथा खुजलाया और फिर टोपी खुजलाये जा चुके भाग की ओर खिसकाकर सिर का पिछला भाग खुजलाने लगे।

"क्या-क्या सोच रहे हैं?" मैंने ठीक ढंग से रुआँसा होकर पूछा, जैसे किसी के जवान बेटे के मरने पर संवेदना प्रकट करते हुए कोई पूछता है, "उसे क्या हुआ था?"

"इसीलिए तो कहता हूँ कि तुम प्रेस खोल लो।" इस बार उन्होंने अपना चश्मा रूमाल से साफ करना आरम्भ किया, "उससे होगा यह कि मैं ढेर सारी डिग्रियाँ छपवाकर बोरों में भरवाकर अपने पास रखूँगा। जब कभी लड़के कोई प्रदर्शन करने आयेंगे, मैं उन बोरों में से उनकी इच्छानुमार डिग्रियाँ निकालकर उनको दे दूँगा।"

मैं कुछ गम्भीर हुआ और बात को वैयक्तिक धरातल से ऊपर खींचकर राष्ट्रीय धरातल पर ले गया, 'इससे तो देश में पढ़ाई का स्तर बहुत गिर जायेगा।"

वे मुझसे अधिक गम्भीर हो गये। राजनीतिक मुद्रा बनाकर बोले, "गिरना बुरा है या टूटना?"

मैंने उनके प्रश्न पर विचार किया और बोला, "टूटना बुरा है। गिरकर हम उठ सकते हैं, पर टूटकर जुड़ना मुश्किल है।"

"तो ठीक है," उन्होंने प्रसन्न होकर कहा, "स्तर गिरेगा, शीशे तो नहीं टूटेंगे। यह देश का निर्माण है। देश का मतलब भवन। मैं नया भवन नहीं बनवाऊँगा, पर जो बना हुआ है उसे टूटने नहीं दूँगा।"

मैं उनकी दृढ़ता से बहुत प्रभावित हुआ। मुझे लगा, बात बहुत सही है। देश की स्वतन्त्रता की लड़ाई में जिनके सिर टूट गये, उनके बच्चे यतीमों के समान आलू-छोले बेचते हैं और जिनके सिर गिर गये यानी झुक गये, उनके बच्चे नोट बनाने की मशीनें लिये फिरते हैं। तुड़वाना मूर्खता है, झुकना बुद्धि मत्ता है। हमारे ऋषि लोग ईश्वर की मूर्ति के सामने सिर झुकाते थे, सिर मूर्ति से मारकर तुड़वाते नहीं थे। ठीक है।

"पर मैं तो सुन रहा हूँ," मैंने एक और शंका की, "कि लड़के अगली

बार बी.ए. की परीक्षा में बैठकर एम.ए. की डिग्रियों की माँग करनेवाले हैं। यह तो बुरी बात होगी।"

"बड़े भोले हो।" वे बोले, "बुरी बात क्या है। हम उनकी माँग से पहले ही उन्हें बी.ए. की परीक्षा के बाद एम.ए. की डिग्री पकड़ा देंगे और पी.एच.डी. की डिग्री डाक से भेज देंने और समाचारपत्रों में यह घोषणा छपवा देंगे कि बी.ए., एम.ए. और पी-एच.डी. की डिग्रियों का मूल्य आज से बराबर-बराबर माना जायेगा। यह सोशलिस्ट स्टेट की ओर हमारा एक और कदम है। कितनी बुरी बात है कि कुछ लोग स्वयं को जनता से केवल इसलिए ऊँचा मानते हैं, क्योंकि उसके पास कुछ ऊँची डिग्रियाँ हैं। दिस इज अगेंस्ट डिमोक्रेसी।"

"आप ठीक कहते हैं।" मैंने हाथ जोड़ दिये।

"और बरखुरदार!" उन्होंने मुझे आँख मारी, "वैसे भी। डिग्री तो क्लर्की-श्लर्की की नौकरी के लिए देखी जाती है। बड़ी नौकरियाँ तो यूँ ही मिलती हैं। अब मेरे पास कोई डिग्री है या इन्दिराजी के पास है? सब यूँ ही चलता है। तुम्हारे पढ़े-लिखे कवि तो मास्टर ही रह गये। टैगोर, निराला और प्रसाद तो बिना डिग्री के महान हुए। फिर डिग्री का क्या मूल्य है?"

"ठीक है। ठीक है।" मैं बोला, "आप ढेर सारी डिग्रियाँ छपवाकर हवाई जहाज से लुटा दीजिये। जिसके हाथ जो डिग्री पड़ जाये, उस पर वह अपना नाम लिख ले।"

"सोचा था, यह भी सोचा था।" वे बोले, "पर हिन्दुस्तानी जनता बड़ी मूर्ख है। उनके लिए हवाई जहाज से अन्न का बोरा फेंको तो उसी के नीचे दबकर मर जाते हैं और फिर डिग्री की तो चोट भी बड़ी गहरी होती। इसलिए डिग्रियाँ हवाई जहाज से नहीं फिंकवा रहा। वह कर सकता तो इन सब मास्टरों-वास्टरों का वेतन बचा पाता तो अपना वेतन और भी बढ़वा सकता। पर हुआ नहीं। हाय!"

"हाय!" मैंने संवेदना प्रकट की।

"अच्छा, जाओ अब!" वे सहसा हाथ झटककर बोले, "हाय-हाय मत करो, नहीं तो लोग समझ बैठेंगे कि तुम मेरी कोठी पर प्रदर्शन कर रहे हो। अभी तो प्रदर्शनकारियों को देने के लिए डिग्रियाँ ही नहीं छपीं। जाओ जल्दी से प्रेस खोलो।" मैं उठकर चल पड़ा। नमस्ते भी नहीं की। डर गया, कहीं यह न समझ लें कि डिग्री के लिए हाथ जोड़ रहा हूँ।

रिसर्च-एक्सपीरियंस

क : रिसर्च-एक्सपीरियंस की महिमा

उसको एक कॉलेज में नौकरी मिल गयी। मुझे नहीं मिली। वह उस नौकरी के लिए क्वालिफाइड था। मैं नहीं था। उसके पास दो वर्षों का रिसर्च-एक्सपीरियंस था। मेरे पास नहीं था। उसने अपने थीसिस की एक पंक्ति भी नहीं लिखी थी—थीसिस लिखने की तैयारी में एक पंक्ति भी नहीं पढ़ी थी। पर उसके पास दो वर्षों का एक्सपीरियंस हो गया था। उसने दो वर्ष पहले विश्वविद्यालय में पंजीकरण करवा लिया था। मैंने पंजीकरण नहीं करवाया था और थीसिस के लिए सामग्री इकट्ठी करता रहा था। पर रिसर्च-एक्सपीरियंस तो पंजीकरण के बाद से होता है; पढ़ने-लिखने से नहीं। वैसे ही जैसे स्कूटर के लिए बुकिंग करवानी पड़ती है—फिर अपने-आप बारी आ जाती है। उसने बुकिंग करवा रखी थी, उसे नौकरी मिल गयी। और मैं स्कूटर के लिए पैसे इकट्ठे करता रह गया।

उसने मुझे बताया था कि अभी लगभग सात-आठ वर्ष और वह थीसिस का काम नहीं करेगा। इस प्रकार वह अपने लिए रिसर्च-एक्सपीरियंस के दस वर्ष इकट्ठे कर लेगा। मैं समझ गया कि मैं पिछड़ गया हूँ। मैं जिस गति से काम कर रहा हूँ, उससे पंजीकरण के दो वर्षों के भीतर ही मेरा थीसिस पूरा हो जायेगा। जिन्दगी-भर मैं अपना रिसर्च-एक्सपीरियंस दो वर्षों से अधिक नहीं बता सकूँगा और वह बिना हाथ हिलाये दस वर्षों का एक्सपीरियंस पा जायेगा। इसी ढंग से वह जीवन में कितने ही स्कूटर खरीद लेगा और मैं पैसे ही इकट्ठे करता रह जाऊँगा।

ख : चौंबीस घंटों का रिसर्च-एक्सपीरियंस

मेरी पत्नी ने ठीक सवेरे सात बजे, मेरी फाइलों के साथ मुझे रिसर्च करने के लिए घर के दरवाजे से बाहर कर दिया। मैं भी बड़ी फुर्ती से बस स्टैंड पर आया। वहाँ रोज के समान कोई बस नहीं थी। मैं जानता था कि मैं घंटा-डेढ़ घंटे यहाँ रहूँगा तो कहीं बस मिलेगी। दिल्ली से अपने मतलब की बस को

पाना भी बेटी के लिए सुयोग्य वर पाने से कम सौभाग्य की बात नहीं है। तो घंटे-डेढ़ घंटे खड़ा रहूँ या कोई और सवारी ले लूँ! पर स्कूटर या टैक्सी लेने का विचार वैसे ही छोड़ दिया, जैसे मास्टर बनकर समाज में सम्मान पाने का विचार छोड़ दिया था। पत्नी ने घर से चलते हुए साफ शब्दों में कह दिया था, "देखो! बस में ही आना-जाना, चाहे कितना ही समय लग जाये। स्कूटरों-टैक्सियों पर पैसे खर्च मत करना, तुम रिसर्च करने जा रहे हो, कोई कमाई करने नहीं जा रहे।"

मैं बड़ा बरखुरदार किस्म का पति हूँ। पत्नी की कही हुई बात वैसे ही याद रखता हूँ, जैसे बन्दर अपने नचानेवाले के आदेश याद रखता है। मैंने सोचा, यहीं स्टैंड पर बैठ जाते हैं। बस डेढ़ छोड़ दो घंटों में मिली, तो भी घाटे में नहीं रहूँगा। बैठे-बिठाये दो घंटों का रिसर्च-एक्सपीरियंस हो जायेगा। जब से यह सूत्र हाथ लगा है, मैं बहुधा जिस-तिस बस-स्टॉप पर बैठा, आती-जाती महिलाओं को घूरता रहता हूँ और रिसर्च-एक्सपीरियंस इकट्ठा करता रहता हूँ।

पुस्तकालय में पहुँचकर अपना परिचय दे, डिप्टी डायरेक्टर का कमरा ढूँढ़, उनमें पत्रिकाएँ देखने की अनुमति प्राप्त करने में दो घंटों का एक्सपीरियंस और जुड़ गया। जब तक मैं पत्रिकाओंवाले कमरे में पहुँचा तब तक कुल मिलाकर पाँच घंटों का एक्सपीरियंस मैं प्राप्त कर चुका था।

एक बहुत बड़ा कमरा था। उसमें सीमेंट के शेल्फ ही शेल्फ बने हुए थे। उसमें ढेरों पत्रिकाओं के नये-पुराने हजारों अंक पड़े हुए थे। उन पर बहुत सारी धूल पड़ी हुई थी। बहुत दिनों से किसी ने उन्हें छुआ नहीं था।

मैं एक-एक पत्रिका उठाकर उसे झाड़ता था। फिर उसकी सूची देखकर उसे वापस उसकी जगह पर रख देता था। एक शेल्फ झाड़ते-झाड़ते मुझे तीन घंटो का एक्सपीरियंस और मिल चुका था।

कुछ देर बाद एक व्यक्ति आकर मेरे सामने खड़ा हो गया। थोड़ी देर मुझे देखता रहा, फिर बोला, "क्या कर रहे हो?"

"रिसर्च कर रहा हूँ।" मैंने कहा।

"जैसी रिसर्च तुम कर रहे हो, वैसी तो मैं पाँच वर्षों से कर रहा हूँ।" वह बोला।

मैं उस रिसर्च-स्कॉलर के सामने नतमस्तक हो गया। पूछा, "आप कौन हैं?"

"पुस्तकालय का सेवक हूँ।" वह बोला, "पुस्तकों की धूल झाड़ने का काम करता हूँ। पर जितनी सफाई से तुम झाड़ते हो, उतनी सफाई से मैं नहीं झाड़ सकता।"

"यहाँ और लोग भी यही काम करते हैं क्या?" मैंने पूछा।

"सभी यही करते हैं।" उसने बताया।

मैं अपने आपको कुछ ऊँचा आदमी समझ रहा था। मैंने पुस्तकालय के सेवकों को देखा तो मेरा अहंकार चूर हो गया। वहाँ लोग तीस-तीस वर्षों से रिसर्च-एक्सपीरियंस प्राप्त कर रहे थे और उनकी कोई पूछ नहीं थी। मेरे उस मित्र ने दो वर्षों के रिसर्च-एक्सपीरियंस से कॉलेज में नौकरी पा ली थी। कहीं ये लोग आवेदन-पत्र भेज दें तो अपने एक्सपीरियंस के बल पर रीडर से कम नियुक्त नहीं होंगे। पर मैंने उन्हें यह बात बतायी नहीं।

मैं बड़ी हीनभावना में फँस गया। इस स्थान पर मेरा एक्सपीरियंस सबसे कम था। मैं उन लोगों की गुरुता से दब-सा गया था।

जब दिन-भर रिसर्च करके चलने लगा तो मैंने कुल मिलाकर ग्यारह घंटों का एक्सपीरियंस इकट्ठा कर लिया था। इस सारे समय में मैंने एक पत्रिका में से पौने दो पृष्ठ पढ़े थे और तीन पंक्तियाँ अपनी फाइल में उतार ली थीं। अपनी थीसिस में कहीं उद्धृत करने के लिए।

एक और बात से प्रसन्न था। ग्यारह घंटों का किसी को पता ही नहीं चलेगा। विश्वविद्यालयवाले इसे मेरा एक दिन का एक्सपीरियंस मानेंगे और एक दिन में चौबीस घंटे होते हैं। तेरह घंटे धाँधली में ही पा लिये।

मेरे चलने से पहले पुस्तकालय के डिप्टी डायरेक्टर भी कहीं से घूमते-घामते उस कमरे में आ गये। वे अपने उस घूमने-घामने को राउंड लेना कहते हैं और उसे ही अपना काम मानते हैं। यानी उन्हें पुस्तकालय में इधर से उधर घूमने का ही वेतन मिलता है।

उन्होंने मुझे देखा। मुस्कराये और बोले, "आप अपने साथ कुछ और रिसर्च-स्कॉलर नहीं ला सकते? ऐसे तो आपको सारी शेल्फें झाड़ते हुए महीना लग जायेगा, तीन-चार और आ जायें तो सप्ताह-भर में ही काम हो जायेगा, पुस्तकालय के नौकर बहुत नालायक हैं।"

मैंने बोलना चाहा, मेरी जीभ लड़खड़ा गयी। मैं उन्हें बताना चाहता था कि यहाँ के नौकरों का रिसर्च-एक्सपीरियंस सुन-सुनकर मैं हीनभावना में फँस गया हूँ और अपने भविष्य से काफी निराश-सा हो गया हूँ। मैं जिस किसी से कहूँगा, वह यहाँ नहीं आयेगा।

ग : एक्सपीरियंस बाँटनेवाली अल्मारी
उर्फ मन्दिर गुणवन्ती देवी का

मैं अपनी हीनभावना से पीड़ित, मुँह लटकाये हुए, अपने गाइड के पास

आया। उन्होंने पूछा, "क्या बात है? तुम्हारा चेहरा रिजेक्टेड थीसिस के समान कान्तिहीन क्यों है?"

मैंने उन्हें बताया, "मैं हीनभावना से पीड़ित हूँ।"

"पान खाया करो।" वे बोले, "पान खानेवाला व्यक्ति कभी हीनभावना से पीड़ित नहीं होता। भरे पेटवाला स्वयं को दूसरों से ऊँचा समझता है। पान खानेवाला सदा ही 'खा' रहा होता है, इसलिए अच्छा खाया-पिया, भरे पेट का आदमी भी उसे अपने सामने भूखा लगता है। इसलिए वह हीनभावना से पीड़ित नहीं होता।"

"पर मुझे रिसर्च-एक्सपीरियंस चाहिए।" मैं वैसे ही रोते हुए बोला।

"रिसर्च-एक्सपीरियंस जितना चाहोगे मिलेगा।" वे बोले, "मैं भी सोच रहा था, तुम्हारा थीसिस जल्दी पूरा हो जायेगा। उसे मैं पाँच सालों तक सँभालकर अपनी गोदरेज की अल्मारी में रख दूँगा। उससे तुम्हें पाँच साल का रिसर्च-एक्सपीरियंस मिलेगा और मुझे रिसर्च गाइड करने का एक्सपीरियंस। दोनों के लाभ की बात है।" मैंने गोदरेज से उस अल्मारी की ओर बड़ी धार्मिक भावना से देखा। मैंने उसके सामने घुटने टेककर हाथ जोड़ दिये।

मेरे गाइड भी श्रद्धा को जान गये। बोले, "यह अल्मारी बड़ी गुणवन्ती है। इसलिए लोगों को पन्द्रह-पन्द्रह वर्ष का रिसर्च-एक्सपीरियंस दिया है। इससे मिलकर लोग सीधे प्रोफेसर बने हैं। मैंने इसका नाम गुणवन्ती रखा है।"

मैंने गुणवन्ती देवी को साष्टांग प्रणाम किया। मुझे वे सरस्वती का ही अवतार लग रही थीं।

मेरे जीवन की नाटकीय त्रासदियाँ

मेरी किशोरावस्था की त्रासदियाँ बड़ी भयंकर हैं। यह वह वय है, जिसमें स्मरण-शक्ति बड़ी प्रखर होती है। कुछ भुलाये ही नहीं भूलता। अभी याद करने बैठूँ तो मेरी स्मरण-शक्ति पाठकों के लिए त्रासदी हो जाये। एक से बढ़कर एक, बढ़िया से बढ़िया त्रासदियाँ याद आने लगेंगी। पर इतनी सारी त्रासदियाँ याद कर क्या करूँ जिनके आँकड़ों से लगने लगे कि मेरा जीवन अपने-आपमें एक त्रासदी है; जबकि मैं जानता हूँ कि सत्य यह नहीं है। यदि ऐसा होता तो मैं भी कवियों के समान नारा लगाता—'मैं अपने कन्धों पर अपना सलीब ढो रहा हूँ—' या, 'मैं अपने कन्धों पर अपनी लाश ढो रहा हूँ—' ढोने को चाहे, अपना थैला न ढोया हो। कुछ ऐसे ही तथ्यों के कारण मैंने आँकड़ाशास्त्र तथा कवि के निष्कर्षों को कभी गम्भीरता में स्वीकार नहीं किया।

पर बात कवियों तथा आँकड़ाशास्त्र की नहीं, मेरी किशोरावस्था की त्रासदियों की थी। मेरी किशोरावस्था की सबसे बड़ी त्रासदी रंगमंच रहा है। रंगमंच से मेरा अभिप्राय सीधे-सीधे नाटक से ही है। नाटक में न चुना जाना मेरी त्रासदी नहीं रही—जैसाकि पाठक समझ रहे होंगे। मेरी त्रासदियाँ तो नाटक के लिए चुने जाने के बाद आरम्भ होती हैं। आज कोसता हूँ उन घड़ियों को, जब मुझे नाटक में अभिनय करने के लिए चुना गया था।

कॉलेज में पहुँचा तो नाटक में अभिनय करने को बहुत व्याकुल था। मुझे व्याकुलता के भयंकर दौरे पड़ते हैं—कभी ग्रहण के, कभी त्याग के। पर ठीक समय पर ठीक दौरा मुझे कभी नहीं पड़ा। विवाह के पूर्व ग्रहण (सूर्य-ग्रहण नहीं, कन्या-ग्रहण) का दौरा पड़ा था और विवाह के पश्चात् त्याग की व्याकुलता का दौरा अनेक बार पड़ चुका है; पर घर में एक ओझा निरन्तर उपस्थित है, जो सारे दौरे झाड़ देता है। तो कॉलेज में अभिनय करने की व्याकुलता का दौरा पड़ा था। किसी ने चेहरे से व्याकुलता भाँप ली होगी तभी तो मुझे चुन लिया गया और नाटक के अन्त में मंच पर उपस्थित हो, एक वाक्य बोलकर लौट आने का महत्त्वपूर्ण दायित्व सौंप दिया। दौरे की स्थिति थी। मैंने प्रस्ताव तत्कान स्वीकार कर लिया। स्वयं को समझा लिया कि महान् बनना है तो किसी काम को छोटा मत समझो। तो उस भूमिका को ही क्यों छोटा मानता। नाटक की

नायिका (जैसाकि होना ही चाहिए था) बी.ए. अन्तिम वर्ष की छात्रा थी। मैं अभी प्रथम वर्ष में ही आया था, इसलिए उसकी दृष्टि में नगण्य जीव था। उसके व्यवहार से स्पष्ट था कि मैं उसे तनिक भी पसन्द नहीं आया था। वह उस नाटक में भी मुझे अपने भाई के रूप में भी स्वीकार नहीं कर पायी थी, पर त्रासदी यह नहीं थी...

मुझे अपनी माँ से भरपूर वात्सल्य मिला है, इसलिए सीनियर लड़कियों से प्रेम-व्यवहार चलाने की तृष्णा मुझमें कभी नहीं रही और जब कभी किसी सीनियर लड़की ने ऐसा प्रयत्न किया है, मुझे शृंगार के स्थान पर हास्य की अनुभूति हुई है। पर वे किस्से फिर कभी सुनाऊँगा। अभी तो नाटक की नायिका की चर्चा चल रही है।... और इस नाटक की नायिका तो सुन्दर भी नहीं थी। ईमानदारी की बात यह है कि मुझे भी उसके साथ का यह रिश्ता तनिक भी पसन्द नहीं आया था। उसकी उपेक्षा मेरे लिए कुछ अर्थों में सुखद ही रही थी। पर त्रासदी यह भी नहीं थी...

इस नाटक की त्रासदी थर्ड वर्ल्ड में घटित हो रही थी। नायक महोदय का व्यवहार मेरे प्रति अत्यन्त स्नेहपूर्ण था। उन्हें नायिका-ग्रहण की व्याकुलता का दौरा बड़े जोर से पड़ा हुआ था, इसलिए वे नायिका के साथ मेरे इस नाटकीय सम्बन्ध को पूर्णतः यथार्थ धरातल पर ग्रहण कर रहे थे। नाटक तो जैसे-तैसे समाप्त हो गया, पर उसके प्रभाव जीवन में बहुत दूर तक चलते गये। जैसाकि होना चाहिए था, नायिका का विवाह नायक महोदय से नहीं हो सका। (इसमें नायिका के पिता का कोई दोष नहीं था। उसने शायद चाहा भी था। नायिका को ही यह लार टपकता नायक पसन्द नहीं आया था। उसकी सहज इच्छा का सम्मान करते हुए उसका विवाह कहीं और कर दिया गया था)। इधर नायक महोदय, नायिका का तो कुछ बिगाड़ नहीं पाये, मुझसे रुष्ट अवश्य हो गये। कह नहीं सकता, उसके मन में कौन-सी तर्क-शृंखला थी : क्या वह चाहते थे कि नायिका का नाटकीय भाई होने के नाते मैं उसका विवाह उनसे करवाने का सक्रिय प्रयास करता—जो मैंने नहीं किया? वे कदाचित् मेरी प्रकृति को नहीं समझते। मैंने तो सिवाय अपने और किसी के भी विवाह में कभी कोई रुचि नहीं ली। मेरा तो सिद्धान्त ही है, न दूसरे के विवाह में हस्तक्षेप करो, न किसी को अपने विवाह में हस्तक्षेप करने दो। यह 'जियो और जीने दो' की तर्कपूर्ण परिणति है। पर वे नायक महोदय न सिद्धान्त को समझते थे, न तर्कशास्त्र को। न उन नायिका को और न मुझे। वे समझते थे कि नायिका की रुचि जितनी मुझमें होनी चाहिए थी, उससे अधिक हो गयी थी। जो भी हो, नायक महोदय से मेरे सम्बन्ध आज तक उतने ही कटु चले आ

रहे हैं। और इस कटुता के लिए वे ही पछता रहे हों तो पछता रहे हों, मुझे सम्बन्धों के पश्चात्ताप में अधिक विश्वास नहीं है। सम्बन्धों की त्रासदी और किसे कहते हैं।

ऐसी ही त्रासदी एक अन्य नाटक में भी हुई। दूसरे नाटक के समय तक मैं पर्याप्त उन्नति कर चुका था; अर्थात् नायिका के भाई से स्वयं नायक बन चुका था। इस नाटक की नायिका उस समय तो काफी आकर्षक ही लगी थी—उस समय तक सावन के अन्धे को हरा-ही-हरा सूझने लगा था—अर्थात् हर युवती अच्छी लगने लगी थी। आज पन्द्रह वर्षों बाद उनमें से कोई दिख जाती है तो अपनी युवावस्था का नेगेटिव ही दिखायी पड़ती है और मैं अपनी पीठ ठोकता हूँ कि भले बचे, इससे विवाह नहीं किया। आज जाने वह नायिका कैसी लगे। इस नायक-नायिका सम्बन्ध में बड़ी त्रासदी है साहब! लोगों ने हमसे पूछे बिना ही हमें प्रेमी-प्रेमिका मान लिया। मुझे नायिका के साथ देखते तो मुस्कराकर दूर हट जाते। अकेला देखते तो मुस्कराकर पूछते, "आज अकेले ही हो? वह साथ छोड़ गयी?" नायक बनने के चक्कर में हम एकदम अकेले हो गये। नायक क्या बने, यार-दोस्तों को खलनायक दिखायी पड़ने लगे। न कोई हमें साथ बैठाये, न हमारे साथ बैठे : "तुमको फुर्सत कहाँ होगी? तुम्हारी तो हीरोइन आती होगी।"

और इधर, नायिका थी कि एकान्त होते ही अपने मंगेतर की कहानियाँ इस प्रकार सुनाने लगती जैसे मच्छरों को भगाने के लिए 'फ्लिट' छिड़का जाता है।... वह देखने में कैसा है, क्या काम करता है, क्या चाहता है...। मैं नायिका को समझाना चाहता था कि मुझे उसके मंगेतर में कोई रुचि नहीं है; पर हरिनारायण आप्टे ने ठीक कहा है : 'कौन ध्यान देता है।' वह पूरी नायिका थी—अर्थात् वन-वे ट्रैफिक! बोलती धारा-प्रवाह थी। सुननेवाला चैनल थी ही नहीं। मित्रों को समझाना चाहता था कि मुझे इस नायिका में कोई रुचि नहीं है—पर उधर भी कौन सुनता था। नायक बनकर, मुझ पर दोहरी त्रासदी घट रही थी और मैं था कि किसी को हाले-दिल समझा ही नहीं पा रहा था—उन्हीं दिनों मैं समझ पाया कि ट्रैजिक हीरो किसे कहते हैं।

उस समय तो मैं इतनी ही त्रासदी से परेशान था—यह नहीं समझ रहा था कि वह तो रिहर्सल-मात्र था—असल नाटक तो आगे आनेवाला था। हुआ यह कि मैं बी.ए. कर पंजे झाड़कर निकल गया। कॉलेज छूटा तो छूटा, एम.ए. करने के चक्कर में नगर भी छोड़ दिया। उस प्रवास में हमारी भूतपूर्व नायिका के जो पत्र आये थे और बड़ी नाटकीय त्रासदी लिये हुए थे। उसने लिखा था उसे अकेली देखकर लोग आवाजें कसते हैं। कुछ तो सहानुभूति भी दिखाते

हैं कि मैं उसे छोड़ भागा। बेवफा कहीं का। यह भी कोई तरीका है। उसने लिखा था कि मुझ पर बेवफाई के ये आरोप उसे अच्छे नहीं लगते। उसे मुझसे सहानुभूति थी। और मैं सोचता रहता कि कृष्ण मथुरा चले गये तो राधा भी उन्हें ऐसे ही पत्र लिखा करती होगी।

मैं भी बहुत परेशान रहा, बेवफाई की त्रासदी से। अब मैं बैठा हूँ दिल्ली में और बदनाम हो रहा हूँ जमशेदपुर में। किते-किसे समझाने जाऊँ, कि इसमें बेवफाई का कण भी नहीं है। जिसे लोग हमारा प्रेम समझ बैठे थे, वह तो अपने अध्यापकों के निर्देशन में की गयी हमारी एक्स्ट्रा कैरिकुलर एक्टिविटी थी। भला एक्स्ट्रा कैरिकुलर एक्टिविटी में बेवफाई का क्या काम! बेवफाई तो एक्स्ट्रा कैरिकुलम में ही नहीं है। पर वापस लौटकर अपनी वफा का प्रमाण देने का प्रयत्न करता तो नाटक में नहीं—जीवन में भयंकर त्रासदी घट जाने की सम्भावना थी।...

यह त्रासदी यहीं रुक जाती, तो भी रो-धोकर मैं उसे भूल ही जाता। जब और इतनी झेली हैं, तो इसी की उपेक्षा क्यों करते हो? पर करनी विधाता की यह हुई कि उसी नाटक में एक खलनायक महोदय भी थे। जब तक नाटक-वाटक होते रहे, तब तक तो वे खासे भलेमानस बने रहे; पर जब मेरे साथ सारी त्रासदियाँ घट चुकीं, तो उन्होंने ताबूत में अन्तिम कील ठोकी। उन महाशय ने हमारी नायिका से विवाह रचा लिया। अब साहब, लगी दुनिया हम पर थू-थू करने। "देखो। साला कैसा हीरो है, विलेन इसकी हीरोइन को उड़ा ले गया और यह खड़ा देखता रहा। न उसे गोली मार सका, न स्वयं मर सका।" मैंने बहुत चाहा कि उन्हें समझाऊँ, "यारो! वह नाटक में विलेन था तो क्या हुआ! वैसे तो भला आदमी है। देश के संविधान के अन्तर्गत दी गयी स्वतन्त्रताओं के अनुसार वह किसी भी कन्या से प्रेम करने अथवा विवाह करने को स्वतन्त्र है।" पर किसी ने मेरी नहीं सुनी। अपना ही बैंड बजाते गये...

तब से आज तक, घोर आस्तिक भक्तों के समान ईश्वर से एक ही प्रार्थना करता रहा हूँ कि "हे प्रभु! ऐसी नाटकीय त्रासदी मुझ पर तो ढाई सो ढाई, अब और किसी पर नत ढाना।

पर कहाँ मानता है वह! हम नाटक के प्रॉम्प्टर के समान अपने डायलाग प्रॉम्प्ट करते रहे हैं, पर वह सुनता ही नहीं। पता नहीं, उसने कोई स्क्रिप्ट याद कर रखी है या इम्प्रोवाइज करता चलता है।

हुआ यह कि हनारी नाटकीय प्रसिद्धि ने दिल्ली में भी हमारा साथ नहीं छोड़ा। मैं तो एम.ए. में पढ़ाई कर अच्छा परीक्षाफल लाने के चक्कर में था, पर यारों ने धर पकड़ा। पकड़ा क्या साहब, नायक ही बना दिया। इस बार

नायिका थी भयंकर तुनुक-मिजाज। अच्छा-खासा जानती थी कि मेरा प्रेम कहीं और चल रहा है, फिर भी मुझसे लड़ती ही रहती थी कि कहीं मैं उसके निकट जाने का प्रयत्न न करूँ। बस, यहीं से दोहरी त्रासदी आरम्भ हो गयी।... जिन्होंने उसे मुझसे झगड़ते देख लिया, उन्होंने मुझे झगड़ालू घोषित कर दिया, "साला! अपनी हीरोइन से भी झगड़ा करता है।" और जिन्होंने उसे मुझसे झगड़ते नहीं देखा—वे दूसरा भ्रम पालने लगे। इसी वर्ग में मेरी अपनी सगी प्रिया भी थी। एक ओर नाटक के रिहर्सल चल रहे थे—दूसरी ओर मेरे जीवन की नाटकीय त्रासदियाँ। दिन-भर मैं रिहर्सल में नायिका से लड़ता और शाम को कहीं एकान्त ढूँढ़कर अपनी प्रिया के सामने नाक रगड़ता! बस साहब! हम अब दुइ पाटन के बीच पिस रहे थे और साबूत बचने की कोई आशा नहीं थी।

मेरी प्रिया मुझ पर बेवफाई का आरोप लगा मुझसे दूर भाग रही थी और नायिका के प्रेमी महोदय, मुझसे अपनी प्रिया की रक्षा करने के लिए मुझसे चिपकते जा रहे थे। परिणामतः, जब वे नाटक में और कुछ नहीं कर सके तो प्रॉम्प्टर बन गये। इससे कुछ तो निर्देशक महोदय सन्तुष्ट हुए और कुछ सन्तोष मुझे भी हुआ कि नायिका स्वयं को सुरक्षित पाकर मुझसे झगड़ा नहीं करेगी। उसके प्रेमी महोदय स्वयं घटना-स्थल पर उपस्थित रहेंगे तो हमसे बदगुमानी नहीं पालेंगे, फिर प्रेमी के साक्षात् उपस्थित रहने पर, रिहर्सलों के पश्चात् न तो हमें नायिका को चाय पिलाने का दायित्व ढोना पड़ेगा और न उसे घर छोड़ने का नैतिक कर्तव्य निभाना होगा। जिसकी ड्यूटी है, वह स्वयं बजाता फिरेगा। हम क्यों बन्दर की बला अपने सिर लें...

पर हम क्या जानते थे कि यह नाटक फिर मेरे साथ, हार्डी के उपन्यासों की त्रासदी करने जा रहा है।

एम.ए. करते-करते ही नायिका और उसके प्रेमी का विवाह हो गया। और साहब! मित्रों ने फिर मुझे शोक-सन्देश भेजने प्रारम्भ कर दिये, "भाई! क्या जमाना है। लोगों को दोस्ती का भी खयाल नहीं रहता।" कुछ लोगों ने मुझे ही दोषी पाया, "तुम साले! फिसड्डी ही रह गये। तुमसे तो प्रॉम्प्टर ही प्रॉम्प्ट निकला।" जब कभी मैंने किसी को समझाने का प्रयत्न किया, तो उसने प्रखर वक्रता से उत्तर दिया, "हाँ-हाँ, अंगूर खट्टे हैं।"

तंग आकर मैंने सोचा कि कुछ ऐसा करूँ कि फिर नाटकीय त्रासदी मुझे न छू पाये। एक ही मार्ग सूझा कि जीवन की त्रासदी को अंगीकार कर लूँ बस—झटपट विवाह कर लिया। मैं अपनी ओर से बहुत सन्तुष्ट था कि मैंने नाटकीय नायिकाओं से मुक्त हो, अपने जीवन की नायिका को पा लिया है। पर यारों का दृष्टिकोण ही और था। उनका विचार था कि नाटक के प्रॉम्प्टर

की नियुक्ति कर ली है ...,अब स्थिति यह है कि घर के भीतर जो कुछ बोलता हूँ, मेरी पत्नी मानती है कि मैं नाटक कर रहा हूँ; और घर से बाहर जो कुछ बोलता हूँ, उसे यार लोग मेरी प्रॉम्प्टर की वाणी मानते हैं।

लिखते-लिखते कलम रुकने लगी है... इसलिए नहीं कि रचना लम्बी हो गयी है... आशंका जाग उठी है, नाटकीय त्रासदियों की चर्चा करते-करते कहीं जीवन की त्रासदी का मार्ग तो प्रशस्त नहीं कर रहा... जब पत्नी इन कन्फैशंस को पढ़ेगी तो बखेड़ा नहीं मचायेगी, 'पहले तो कभी चोंच नहीं खोली। मुझे खोले में रख विवाह कर लिया। और कब बुढ़ापे में ससुर अपनी प्रेमकथाएँ लिखने बैठे हैं।'.. इस आशंका के मारे इसी क्षण निर्णय कर लिया है कि सम्पादक महोदय से प्रार्थना करूँगा कि इस कन्फैशन को 'प्रकाशित करें तो नीचे यह अवश्य छापें कि रचना के सारे पात्र काल्पनिक हैं। पर अपने सम्पादक भी क्या कम हैं? सम्पादकीय त्रासदियों के विषय में मैं फिर कभी लिखूँगा? पर इस समय तो यही भय सता रहा है कि अपनी टिप्पणी में उन्होंने यदि लिख दिया कि 'नरेन्द्र कोहली की इसी रचना के सारे पात्र काल्पनिक हैं; अन्य रचनाओं के विषय में हम कुछ नहीं कह सकते', तो मैं अपनी अन्य प्रेम-कथाओं के विषय में क्या सफाई दूँगा। या उन्होंने अधिक कृपा की और लिख दिया कि 'इस रचना के लेखक समेत सारे पात्र काल्पनिक हैं।' तो मैं अपने अस्तित्व की रक्षा कैसे करूँगा?...

मुझे अपने जीवन की त्रासदियों का कोई अन्त नहीं दीखता...

शफा देनेवाले

एक

उनके बाल छोटे-छोटे कटे हैं। रूखे और खुश्क। इस तरह तने खड़े हैं जैसे जंगली सूअर के बाल। नाक के नीचे, ऊपर के होंठ पर, सूम के धन के समान सहेजकर रखी गयी, गाय की कटी दुम के समान मूँछें हैं। चुस्त कमीजें, भड़कीली टाई, टाइट पतलून और नुकीले जूते हैं। चारों लड़के बने-सँवरे, शालीनतापूर्वक ऐसे बैठे हैं, जैसे देखने आनेवालों की प्रतीक्षा में लड़की बैठती है।

पैनेल्टी शॉट की तरह धचके से कम्पनी के डायरेक्टर कमरे में घुसपैठ करते हैं।

लड़के यूँ सर्राटे से खड़े होते हैं, जैसे चारों को एक साथ नीचे से तेज नुकीली कील चुभी हो।

आरती के धुएँ में लिपटी देव-प्रतिमा के समान, सिगार के धुएँ में ढँके डायरेक्टर उन्हें बैठने का संकेत करते हुए कहते हैं :

"यंगमैन! आपकी ट्रेनिंग समाप्त हुई। अब आपको फील्ड में जाना है। आप चारों को उस एरिया में काम करना है, जहाँ हमारी कम्पनी की दवाइयाँ बहुत कम बिकती हैं। आपको कम्पनी को ज्यादा सेल देनी है। नो सेल, नो जॉब! सेल नहीं बढ़ी, दैन यू आर डिसमिस्ड। एनी कोएश्चेन?" डायरेक्टर का चेहरा खरबूजे का खेत बना हुआ है।

पर लड़कों का चेहरा वही रंग नहीं पकड़ता।

"बट, सर!" एक लड़के का हाथ टाई की नॉट पर जाता है, जैसे वह रेडियो का स्विच हो और रेडियो चलता है, "जब आप स्वयं मानते हैं कि वहाँ सबसे कम सेल होती है तो कम सेल के कारण हम डिसमिस क्यों होंगे?"

"इसलिए, यंगमैन!" डायरेक्टर अपना रंग नये खरबूजे पर चढ़ाता है, "कि तुम लोग थर्ड क्लास बी.एस.सी. होकर भी सात सौ रुपये सेलरी लोगे, जबकि फर्स्ट क्लास बी.एस.सी. भारत सरकार की प्रयोगशालाओं में ढाई सौ रुपये लेता है। समझे?"

"यस, सर!" लड़का डायरेक्टर के श्याम रंग में रँग जाता है।

"बट, सर!" दूसरा लड़का बरसात में उगे कुकुमुत्ते के समान खड़ा हो जाता है और टूटे रिकार्ड पर अटकी सुई के समान हकलाता है, "वहाँ यदि कोई बीमार ही न हो तो?"

"बीमार आदमी तभी होता है, जब बाजार में दवा आ जाती है।" डायरेक्टर कुकुरमुत्ते की सब्जी बनाकर उसे खा जाते हैं, "हम दवाइयाँ भेज रहे हैं, अब वहाँ लोगों को बीमार पड़ना चाहिए। वहाँ के लोग अब तक बीमार इसलिए नहीं पड़ते, क्योंकि वे दवाइयाँ नहीं खाते। उन्हें दवाइयाँ खिलाओ।"

"यस, सर!" लड़का समुद्र की लहर के समान पीछे हट जाता है।

"और कोई सवाल?" डायरेक्टर अखाड़ेबाजों को हिन्द-केसरी के समान ललकारता है।

"बट, सर!" एक लड़का उठ खड़ा होता है, "दवाई तो वही बिकेगी जो डॉक्टर चाहेगा। और डॉक्टर दवा वैसी देगा, जैसी बीमारी होगी। इसलिए सब-कुछ डॉक्टर और मरीज पर डिपेंड करता है।

"नो, माई डियर!" डायरेक्टर का चेहरा सनमाइका के समान साफ है, उस पर लड़कों के प्रश्नों के दाग नहीं टिकते, "डॉक्टर को दवाई देनी है। दवा क्या वह अपने घर से लायेगा? वह वही दवा दे सकता है जो हम बनाकर मार्किट में भेजते हैं। वह मरीज में उसी बीमारी के सिस्टम देखेगा, जो दवा हमने बनायी है। डॉक्टर क्या चीज है!"

"यस, सर!" लड़का जाले में लटके मकड़े के समान गिर पड़ता है।

"कोई और सवाल?" डायरेक्टर पूछता है।

लड़के चुप रहते हैं।

"आप लोग जा सकते हैं। गुड लक!" डायरेक्टर के चेहरे पर एयर इंडिया के महाराजा की-सी मस्ती है।

दो

तूफान मेल, चलना सीखनेवाले बच्चे के समान ठुमक-ठुमक चल रही है और फर्स्ट क्लास के एक डिब्बे में, रसोई के कोने में गिर पड़े आलू के समान, कम्पनी का नया मेडिकल रिप्रजेंटेटिव गुलाटी बैठा है।

डिब्बे में एकमात्र दूसरा मुसाफिर एक ठिगना-सा अधेड़ है, जो चर्बी चढ़े मेंढक के समान लगता है।

"घर जा रहे हैं?" सहसा मेंढक टर्राता है।

"नहीं, काम पर जा रहा हूँ।" गुलाटी अपने ब्रीफकेस को विजिटिंग कार्ड के रूप में उसके सामने कर देता है।

"क्या काम करते हैं?" मेंढक फिर टर्राता है।

"मेडिकल रिप्रजेंटेटिव हूँ।" गुलाटी सैनिक अफसर के रोब से उसे देखता है।

"ओह! दवाफरोश हैं।" मेंढक की आवाज कानों को चुभने लगती है।

"जी, नहीं।" गुलाटी मेंढक को पत्थर मारता है, "दवाएँ बेचता नहीं हूँ, डॉक्टरों को उनके बारे में बताता हूँ।"

"हाँ-हाँ!" मेंढक की आँखों पर चर्बी की परत छा जाती है, "डॉक्टरों को मुफ्त दवाएँ बाँटते होंगे।"

वह अपनी जगह से छलाँग लगा देता है, "कोई दवा हमें भी दे दीजिये। बाजार में तो बहुत महँगी बिकती हैं।"

गुलाटी मक्खी के समान पीछे सरकता है, उसे मेंढक के स्थान पर छिपकली नजर आने लगती है।

"हमारे लिए तो आप गौरमेंट की फ्री डिस्पेंसरी हैं।" मेंढक अपने जस्ता-भरे दाँतों की नुमाइश करता है, "ही-ही! लाइये, हार्ट की कोई दवा!"

"हार्ट की कोई दवा हमारी कम्पनी नहीं बनाती।" गुलाटी अपनी डिस्पेंसरी बन्द कर, कम्पाउंडर के समान हाथ झाड़ देता है, "वैसे इस समय मेरे पास कोई भी दवा नहीं है, सिर्फ लिटरेचर है, पढ़ेंगे आप?" उसकी आँखों में, बिना लाइसेंस के रेढ़ी लगानेवाले को डाँटता हुआ सिपाही है।

"कुछ तो दीजिये साहब!" मेंढक अपना बरसाती आलाप लेता है, "हार्ट के लिए नहीं तो डायबटीज के लिए दीजिये, चलिये कोई विटामिन-शिटामिन दीजिये। कुछ नहीं तो औरतों के लिए ही दीजिये। मेरी बेटी को पीरियड भी खुलकर नहीं आता। गौरमेंट ने उसका भी कंट्रोल कर दिया है शायद..." वह रुककर खी-खी करता है।

गुलाटी की आँखों में पुलिस-चौकी बन जाती है।

"अच्छा, चलिये!" मेंढक का फिर जुकाम होता है, कोई डायरी-शायरी दीजिये। कोई स्टेशनरी की चीज दीजिये। कुछ तो दीजिये।" मेंढक मन्त्री बनने के इच्छुक दल-बदलू का रूप धारण कर लेता है।

गुलाटी अपने दाँत, चक्की के पाटों के समान रगड़ता हुआ, पुलिस चौकी से अपना ट्रांसफर करा लेता है।

तीन

"डॉक्टर शाब! डॉक्टर शाब!" होटल का बैरा आता है, "मनीजर शाब का पेट में दर्द है।"

"तू बैरा है कि रेडियो!" गुलाटी कटखने कुत्ते के समान गुर्राता है, "सुबह-सुबह आ गया खबरें सुनाने।"

"शाब! मैं तो वक्त की आवाज हूँ।" बैरा नसवार की चुटकी लेता है, "यह नसवार है, कहीं सलवार समझ लो। पंजाबी लोग से वैसे भी मैं बहुत डरता हूँ।"

"तू वक्त की आवाज कैसे है बे?" गुलाटी के मन के दलदल में बैरे की बात धँस जाती है।"

"ब्रेकफास्ट, लंच और डिनर का वक्त मैं बताता हूँ, शाब!" बैरा कहता है, "पर इस वक्त मैं देने नहीं आया, लेने आया हूँ। जूठी प्लेटें नहीं शाब! मनीजर के पेट के दर्द की दवा!" बैरे का चेहरा टिप के लिए पुकारती हुई खाली प्लेट-सा लगता है।

"उसकी दवा है एक करारा घूँसा!" गुलाटी शेव का सामान बटोरने लगता है, "तू खुद दे लेगा कि मैं भेजूँ।"

गुलाटी सीजर की लाश पर खड़े एंटनी का भाषण देता है, "मैनेजर कहता है मैं डॉक्टर हूँ। मैं कहता हूँ मैं डॉक्टर नहीं हूँ। मुझे देखकर बीमार मत पड़ो। जाओ ...शेव के लिए गरम पानी लाओ।"

बैरा बिल लाने के उत्साह से लौट जाता है।

चार

गुलाटी शीशे के सामने बैठा शेव कर रहा है!

"टर...र्रा...र्रा...र्रा। पानीं ठंडाऽऽऽ है।...साले इंडियन ब्लेड शेव के लिए नहीं टर...र्रा...र्रा...र्रा पेंसिल छीलने के लिए बनतेऽऽऽ हैं। वह...वा...वह...वा क्या बढ़िया ब्लेड है। यह तो मोचीऽऽऽ के काम भीऽऽऽ नहीं आयेऽऽऽ गा। शेविंग क्रीम बनायी है, जैसे कपड़ेऽऽऽ धोनेऽऽऽ हों। इसको तो घास छीलने से पहले लॉन में उँडेऽऽऽल देनाऽऽऽ चाहिए। अच्छाऽऽऽ! अब आफ्टर शेव लोऽऽशन लगाओऽऽऽ। कभी हमारे बाप ने तो लगाया नहीं। क्रीम भी लगाओ!" वह शीशे में अपने प्रतिबिम्ब की आरती करता है, "साले घूरते क्यों हो? जब वेश्या का धन्धा अपनाया है, तो यार के पास जानेऽऽऽ से पहले शृंगार तोऽऽऽ करना ही पड़ेगा। और याद रखो कहना है क्याऽऽऽ। क्या? कहनाऽऽऽ है हमारी कम्पनी

की दवाई अपच के लिएऽऽऽ और डायबटीज के लिएऽऽऽ और...हत् तेरी! यहाँ से तो दाढ़ी बनी ही नहीं। इससे अच्छी शेव तो कोई मोची भी बना देगा। चलो, मन्दिर में चलें और पूजा करें। भगवान से प्रार्थना करें कई फिर से इस देश में अवतार ले और अच्छे ब्लेडों की फैक्टरी बनायेऽऽऽ!"

"चल, उठ, साले!" वह कनक्लुडिंग रिमार्क देता है, "बहुत हसीन है भी नहीं तू! देर हो गयी तो डॉक्टर क्या कम्पाउंडर भी तेरी शक्ल देखना पसन्द नहीं करेगा।"

वह अभिसार के लिए चल पड़ता है!

पाँच

कम्पाउंडर का बेटा डिस्पेंसरी का दरवाजा खोलता है।

"अबे, रात को यहीं सोये थे क्या?" वह लाइन में लगे मरीजों का अभिवादन करता है।

"डॉक्टर साहब कब आयेंगे?" जासूसी उपन्यासों में हत्या की रात गहरे सन्नाटे में उभरती चीख के समान आवाज आती है।

"अभी तो मैं आया हूँ।" कम्पाउंडर का बेटा अपनी बाँसुरी बजाता है, "फिर मेरा बाप कम्पाउंडर आयेगा। फिर उसका बाप हाउस सर्जन आयेगा। फिर उसका बाप बड़ा डॉक्टर आयेगा। फिर उसकी अम्माँ लेडी डॉक्टर आयेगी। फिर उसका भी बाप, मरीजों के कार्ड अन्दर ले जानेवाला छोकरा आयेगा। तब तुम लोगों की अर्थी की तैयारी की जायेगी। तब तक तुम लोग अपने बाल-बच्चों, माँ-बाप से गले मिल लो और चलने की तैयारी कर लो।"

"लौंडा मजाक बढ़िया करता है।" एक सफेद टोपी, दीवार-घड़ी में पेंडूलम की तरह गर्दन हिलाती है।

"जब डॉक्टर नहीं है, तो तुम यहाँ क्या करने आये हो?" देश की बीमार आत्मा कुएँ में टकराती, डूबती आवाज में पूछती है।

"अम्माँ के चूड़ीदार में नाला नहीं है, इसलिए यहाँ बैंडेज लेने आया हूँ। बैंडेज लेकर जाऊँगा। अम्माँ बिस्तर से निकलेंगी। रोटी बनेगी तब मेरा बाप कम्पाउंडर रोटी खाकर यहाँ आयेगा।" कम्पाउंडर का लड़का देश की जन्म-कुंडली बाँचता है।

छः

गुलाटी, लेडी डॉक्टर श्रीमती गुप्ता की चौखट पर सजदा करता है।

"अभी फुरसत नहीं है।" दाई आकर कहती है, "या तो बैठ जाओ, या

कल आओ।"

"क्या दो मिनट टाइम भी नहीं मिल सकता?" गुलाटी अपने दिल की प्लेट में कम्पनी की नयी डायरी रखकर बढ़ाते हुए, सन्तों की विह्वलता के साथ घुटने टेक, पंजों में पंजे फँसा, गिड़गिड़ाता है।

"डायरी देना अपनी माँ को!" दाई व्यावसायिक घोषणा करती है। "तुम्हारे जैसे कितने ही इन्हों हाथों में पैदा करके माँ की गोद में डाल दिये।"

"अच्छा, मैं बैठ जाता हूँ।" गुलाटी अपनी जन्मगाथा सुनकर लज्जित हो जाता है।

दाई चाबी-भरी गुड़िया के समान लौट जाती है।

गुलाटी एक कुर्सी में पसर जाता है।

"आपका कितना महीना है।" एक होनेवाली माँ हाँफती हुई फुफकारती है, "बैठने का बहुत शौक है, तो कुर्सी साथ लाया कीजिये।"

गुलाटी खिसियाहट से हिनहिनाता लेडी डॉक्टर के कमरे में ऐसे घुस जाता है, जैसे किसी दुर्घटना के कारण कार पटरी पर लगे 'नो पार्किंग'वाले खम्बे में जा भिड़ती है।

"आपको लेबर पेंस शुरू हो गयी हैं क्या?" लेडी डॉक्टर श्रीमती गुप्ता उसकी कमीज उठाने के लिए हाथ बढ़ाती हैं।

नहीं जी। डिलिवरी हो गयी है। ट्विंस हुए हैं।" गुलाटी कम्पनी के नामवाले पेन-पेंसिल की जोड़ी स्टेथेस्कोप पर रख देता है।

सात

कम्पाउंडर पान चबाता हुआ आकर अपनी सीट पर ऐसे बैठ जाता है जैसे थान पर बँधी भैंस जुगाली करती है।

"बाप! बाप!! मैं मास्टर को ऑबलाइज करने स्कूल चला जाऊँ अब?" कम्पाउंडर का बेटा, बाप की जेब से बटुआ निकाल लेता है।

"अबे ओ छछून्दर!" कम्पाउंडर दूर के कौवे उड़ाने के अन्दाज में कहता है, "बटुआ क्यों निकाल रहा है, बाजार में हिन्दुस्तानी रुपये का अब कोई मूल्य नहीं है।"

"तो फिर आधी छुट्टी में जब सारे लड़के कुछ-न-कुछ खायेंगे तो मैं तुम्हारा पिंडदान करूँगा क्या?" लड़का आध्यात्मिक बात करता है।

"शरबत ले जा, कबूतर, शरबत!" कम्पाउंडर उसे विटामिन बी काम्पलेक्स की बन्द बोतल दे देता है।

आठ

डॉक्टर कपूर अपनी मेज पर पड़ा लिफाफा खोलता है।

"प्रिय डॉक्टर कपूर,

आपको यह सूचना देते हुए मुझे हर्ष हो रहा है कि आपको बड़े डॉक्टर के पद के लिए रिजेक्ट कर हमने आपको कार्य और जिम्मेदारी से बचा लिया है।

आप भी यह स्वीकार करेंगे कि मरीज पर दवाओं से भी अधिक प्रभाव डॉक्टर के व्यक्तित्व का पड़ता है। अतः इस देश के रोगियों के कल्याण को दृष्टि में रखते हुए हमने इस वर्ष की मिस इंडिया को बड़े डॉक्टर के पद पर नियुक्त किया है। वे दवाएँ नहीं देंगी, किन्तु मरते हुए रोगी भी उनका मुख देख-देखकर जीते रहेंगे। इस प्रकार वे दवाओं का खर्च भी बचायेंगी और रोगियों को लम्बा जीवन भी प्रदान करेंगी।

आपको सौभाग्य के लिए पुनः बधाई!

भवदीय

स्वास्थ्य मन्त्री

पुनश्च : मिस इंडिया अपने सौन्दर्य के प्रयोग से जितनी दवाओं की बचत करेंगी, उनमें से आधी को ब्लैक से बचने का आपको पूरा अधिकार है।

स्वा. मं.

नौ

गुलाटी डॉक्टर कपूर के कमरे का परदा हटाकर बच्चों के समान करता है।

"बैठिये!" डॉक्टर कपूर एयर-होस्टेस की-सी मिठास से कहते हैं।

गुलाटी नाचते हुए भालू के समान गोल चक्कर काट जाता है, "सॉरी, डॉक्टर! कोई भी कुर्सी नहीं है।"

"कुर्सी क्या करोगे!" डॉक्टर की आँखों में सामान्य नायिका का निमन्त्रण है, "सिर-आँखों पर बैठो, मेरे दिल में बैठो। जगह की क्या कमी है!"

"हाउ स्वीट आर यू, डॉक्टर!" गुलाटी के चेहरे पर हँसिया-हथौड़ेवाला झंडा फहराने लगता है।

"बात यह है, डॉक्टर! हमारी कम्पनी ने एक चमत्कार किया है।" उनके चेहरे पर आर्कमेडिज़ का न्यूड सौन्दर्य है, "एक टैबलेट रोज दें तो सप्ताह भर में रोग भाग जायेगा। मजाल है, फिर कभी अपच की शिकायत हो।"

"धन्वन्तरी की सन्तान!" डॉक्टर का मुखड़ा शरद पूर्णिमा में नहाये ताजमहल के समान शफ्फाक है एकदम, "अपच इस देश में किसी को नहीं है। खाने को कभी किसी को भरपेट मिला है कि अपच हो।" उसके नथुने क्रुद्ध बैल की थूथनी के समान फुफकारते हैं, "दुआ दो अमरीका को कि देता है और लोग खाकर बीमार होते हैं। मेरा धन्धा भी चलता है और तुम्हारा भी।"

गुलाटी की साँस बिगड़े हुए स्कूटर के समान फट्-फट्-फट् करने लगती है।

"डॉक्टर साहब! एक और दवा है हमारी कम्पनी की।" वह इंश्योरेंस एजेंट और मास्टर की छड़ी के डरे हुए प्राइमरी स्कूल के बच्चे के मिश्रित भाव से कहता है, "बहुत अच्छी दवा है, डॉक्टर साहब! रोग एकदम भाग जाता है।"

डॉक्टर के चेहरे पर इसरायली जेट उड़ानें भरने लगते हैं, "कौन-से रोग की दवा?"

"डायबटीज की, डॉक्टर साहब!" गुलाटी अपने गले में फँसे मेंढक को निगल जाता है।

"चीनी तो राशन तक में नहीं मिलती, फिर डायबटीज किसी को कैसे हो?" डॉक्टर फिर मुस्कराता है (शिष्टता का दुश्मन साला)।

"तो आपके पास किस रोग के रोगी आते हैं?" गुलाटी के चेहरे पर अरब-क्रोध का सूर्य चमकता है।

"भूख के रोगी, भ्रष्टाचार के रोगी, किसी के अत्याचार से पीड़ित रोगी?" डॉक्टर गीता प्रेस की बस-सा नजर आने लगता है।

"धन्धे की बात करो, डॉक्टर!" गुलाटी डॉक्टर कपूर की गोद में बैठ जाता है, "रोटी तुम्हें भी चाहिए और मुझे भी। रोगी तुम्हारे पास आयेंगे और दवाई तुम्हें देनी है। दोगे वही, जो बाजार में मिलती है। तो फिर हमारी ही कम्पनी की दे दो। रोगी को अपने भाग्य से बचना है और अपने भाग्य से मरना है, न तुम्हारी डॉक्टरी से कुछ होगा, न मेरी दवाई से।"

"तुम पहले हरामजादे हो, जिसने इस ढंग से बात की है।" डॉक्टर कपूर उसके गले लग जाता है।

"लो फिर!" गुलाटी अपनी टाई और जूते, डॉक्टर की मेज पर उपहारस्वरूप रखकर चला जाता है।

दस

"यह दवा यहाँ नहीं मिलेगी!" कम्पाउंडर शीशी को उठाकर परे मारता है, जैसे सरकारी जमीन पर बनायी गयी झुग्गी को पुलिस के सिपाही ठोकरें मारते हैं,

"बीवी की चूड़ियाँ बेचकर यह बाजार से खरीदो!"

"दवा यहाँ से नहीं मिलती थी तो डॉक्टर ने लिखी ही क्यों?" मरीज बीमार कुत्ते की तरह खिसियाता है।

"उसे दूसरी दवाई का नाम मालूम नहीं है, इसलिए सबकी पर्ची पर एक ही दवाई लिख देता है।" कम्पाउंडर डॉक्टर के ज्ञान का भाष्य करता है, "तुम यह ओलम्पिक मशाल पकड़ो और भागो।"

वह पर्ची भी मरीज को थमा देता है।

"मैं बड़े डॉक्टर से तुम्हारी शिकायत करूँगा!" मरीज टाँगों के बीच दुम दबाकर पीछे हटते हुए कुत्ते के समान भौंकता है, "अपने बेटे को टानिक की शीशियाँ पिला देते हो और हमें कहते हो दवा नहीं है!"

"हा, कह दे अपनी माँ के खसम को!" कम्पाउंडर ढेर सारी पान की पीक मरीज की शीशी में उगल देता है, "दवा तो फिर भी मैं ही दूँगा। अगली बार जहर दे दूँगा। फिर अल्ला मियाँ से भी मेरी शिकायत करना ऊपर जाकर। अभी परसों ही नर्स ने एक मरीज को गलत इंजेक्शन देकर मार डाला है। लाश अभी तक मुर्दाघर के फ्रिज में पड़ी बर्फ जमा रही है। घरवाले ले तक नहीं गये। तुम्हारी आइसक्रीम भी उसी फ्रिज में जमेगी।"

"हरामजादा! कुत्ते का पिल्ला! उल्लू का पट्ठा! सूअर की औलाद...!" मरीज सहस्रनाम का जाप करता है।

ग्यारह

गुलाटी डॉक्टर मेहरा के दरबार में उपस्थित होता है।

"गुड मार्निंग, डॉक्टर! इस बार आपके लिए बहुत ही ब्यूटीफुल टेबल-डायरी लाया हूँ।" वह माल की खेप उतारता है।

"थैंक यू, मि. गुलाटी!" डॉक्टर मेहरा के चेहरे पर रोज-गार्डन झलकें मारने लगता है, "पर साहब! आपकी कम्पनी दवा कोई अच्छी नहीं बनाती।"

"जवाब नहीं, डॉक्टर!" गुलाटी डॉक्टर का अपमानजनक रिमार्क थूक के साथ कैप्सूल के समान निगल जाता है, "ये कैप्सूल लीजिये। यह एशियन फ्लू को एक दिन में गायब कर देगा। एक बार आजमाकर देखिये।"

वह कैप्सूल की शीशी मेज पर ऐसे रखता है जैसे यू.एन.ओ. में ख्रुश्चेव ने मेज पर जूता रखा था।

डॉक्टर मेहरा शीशी उठाकर देखता-भालता है और घोषणा करता है, "मैं सौ रुपये की शर्त लगा सकता हूँ कि एशियन फ्लू में इस कैप्सूल से रत्तीभर भी फायदा नहीं होगा।"

"और मैं पाँच सौ रुपयों की शर्त लगा सकता हूँ कि इस कैप्सूल से एशियन फ्लू एक दिन में उड़ जायेगा।" गुलाटी दंगल में उतरे मुर्गे के समान पर फड़फड़ाता है।

"डॉक्टर मैं हूँ कि तुम?" डॉक्टर मेहरा कोट से बाहर हो जाता है। कोट हैंगर पर टाँगकर वार्ड-रोब में चला जाता है।

"डॉक्टर तो तुम्हीं हो!" गुलाटी डॉक्टर मेहरा का कोट उसे वापस पहना देता है, "पर तुम हो सिर्फ एम.बी.बी.एस.–डॉक्टरी की सबसे छोटी डिग्री। और हमारी लैब में कैमिस्ट्री के डी.एस.सी. बैठे रिसर्च कर रहे हैं। रिसर्च हम करते हैं, बीमारियाँ हम खोजते हैं, दवाएँ हम बनाते हैं। किस रोगी को कौन-सी दवा देनी है, यह तुम्हें हम बताते हैं। और तुम लोग इस यतीमखाने से मुफ्त में वेतन पाते हो। समझे?" गुलाटी अपना ब्रीफकेस डॉक्टर मेहरा के सिर से जोर से छुआ देता है।

बारह

गुलाटी शाम के छह बजे ही आकर होटल के कमरे में सो जाता है।

दस बजे उसे वक्त की आवाज आकर जगाती है, "डॉक्टर शाब, उठो। आपके ड्यूटी जाने का वक्त हो गया।"

"थैंक यू, बैरा!" गुलाटी मुँह पर भिनभिनाती मक्खी को उड़ाने के अन्दाज में कहता है।

"डॉक्टर शाब!" बैरा मीनू बताने की शैली में कहता है, 'आजकल मनीजर शाब बहुत कमजोर हो गया है। कोई दवाई?"

"उसे कहो गधी का दूध पिये। खच्चर के समान तगड़ा हो जायेगा।" गुलाटी जल्दी-जल्दी कपड़े पहनने लगता है।

वह फिर शीशे के सामने जा बैठता है और अपने प्रतिबिम्ब की आरती उतारने लगता है, "तो सालेऽऽ फिर से काम शुरूऽऽऽ। यह लेडी डॉक्टर मिस प्रभा भी बस अजीब चॉकलेट है। सारी दुनियाऽऽऽ सो रहीऽऽ है और आप ड्यूटी पर हैं। घर पर किसी से बिल्कुल नहीं मिलतीं। इस समय अस्पताल जानाऽऽऽ पड़ेगा। और जोरू के भाई, तुम सालेऽऽऽ फिर चौखटा सँवार रहे होऽऽऽ, जैसे जाते ही वह तुम्हें जूतों का हार पहनायेगी। वैसे तो मिस प्रभा है, पर होगी वह पैंतालीस वर्षों की दिलरुबा। डॉक्टर और मिस वाह-वाह! ओह-ओह! क्या बात है! होती तो मिस ही हैं पर..."

सहसा वह माथा पीट लेता है, "ओ बाटा के बेटे! तुम्हें भी अभी ही मुझे ताकत का सर्टिफिकेट देना था।"

वह टूटा हुआ तस्मा उठाकर, वार्डरोब में टाइयों के साथ लटका देता है, "जब पतली टाई का फैशन आयेगा, तो तुम्हें ही टाई बना लेंगे। सेल्समैनी में फैशन न किया तो क्या किया! ओ खसखस के दानेऽऽऽ..."

तेरह

"क्या रोमांटिक समय चुना है आपने मिलने का!" डॉक्टर मिस प्रभा कॉफी का प्याला ऐसे पकड़ाती है जैसे उसके बटन-होल में गुलाब का फूल टाँक रही हो।

गुलाटी के मुँह से लार बहने लगती है।

डॉक्टर मिस प्रभा का चेहरा गेंदे के फूलों का गुलदस्ता हो जाता है।

"ऐसी बातें मत करिये, नहीं तो मैं शरमा जाऊँगा।" गुलाटी कैप्सूलस की एक शीशी निकाल लेता है, "फिर ये सारे विटामिन एकसाथ खाकर मर जाऊँगा।"

"हाय! मेरी ड्यूटी में मत मरना।" डॉक्टर मिस प्रभा उसके कानों में स्टेथेस्कोप लगाकर उसको अपने दिल की धड़कन सुनाती हैं, "मैं नर्वस हो जाऊँगी। अभी सिर्फ हाउस सर्जन हूँ।"

"तुम्हारा हार्ट वीक है।" गुलाटी स्टेथेस्कोप उतारकर अपनी जेब में रख लेता है, "कल तुम्हें मैं इसके लिए एक टॉनिक ला दूँगा।"

"मेरा स्टेथेस्कोप कहाँ ले जा रहे हो?" डॉक्टर मिस प्रभा मीरा के समान पग घुँघरू बाँधकर नाचने लगती है, "मैं मरीजों को किससे पीटूँगी?"

"इसे छाती से लगाकर रात-भर तुम्हारे दिल की धड़कनें सुनूँगा।" गुलाटी एक बड़ा-सा डिब्बा मेज पर रख देता है, "रात को इसमें से कॉफी बनाकर पीना। बेबी फूड है। और किसी को मारना हो तो डिब्बा का डिब्बा दे मारना। कल मैं और ला दूँगा। मेरे पास बहुत रखे हैं।"

"अच्छा! कॉफी के बाद एक बोतल खून पीना पसन्द करोगे।" डॉक्टर मिस प्रभा की आँखों में प्रेम के बाँध बन जाते हैं, "मुँह से मत पीना, इंजेक्ट कर दूँगी। काफी कमजोर लग रहे हो।"

"नहीं, ठीक है। टॉनिक पी लूँगा," गुलाटी मेज पर अपना दिल रखकर ब्रीफकेस उठा लेता है, "कल बाकी दवाओं की डिटेलिंग करने तुम्हारे घर आ जाऊँ। हमारी कम्पनी की बहुत सारी दवाएँ हैं।"

"आ जाना याद से।" डॉक्टर मिस प्रभा अपना प्यार गुलाटी में ट्रांसफ्यूज़ करती है, "न आये तो लव-इंजेक्शंस का पूरा कोर्स लेना पड़ेगा।"

चौदह

गुलाटी ब्रीफकेस खोलता है।

"यह डायरी तुम्हारे पापा के लिए है। यह पेन-पेंसिल का सेट तुम्हारे भाई के लिए। यह टेबल कैलेंडर अपनी बहन को दे देना। ये डायबटीज के कैप्सूल हैं अम्माँ के लिए। यह टॉनिक तुम पीना, गाल शलगम जैसे हो जायेंगे। वह बेबी फूड बच्चों के लिए और प्रभा...!" कच्ची छत के समान उसकी आँखें चूने लगती हैं।

"ऐ है! हाथ मत लगाना।" प्रभा बिल्ली के समान छलाँग लगाती है, "मैं अभी मेडिकल कॉटन लाती हूँ। नहीं तो कोई इंफैक्शन हो जायेगी और कहोगे कि गूँ-त्रिखी हो गयी है।"

"गुलाटी रुई से आँखें पोंछता है, जैसे दिल को सेंक कर रहा है, "आँखें पोंछनी ही हैं न! बेंडेज तो नहीं करनी?"

"आँखों से खून निकलेगा तो बैंडेज करूँगी।" वह चक्षु-रोग सम्बन्धी पुस्तक पढ़ने लगती है, "पर तुम रोये क्यों?"

"हातमताई याद आ गया था।" गुलाटी धाड़ मारता है।

"क्या कहता था?" प्रभा सारे सिम्पटम नोट करती है।

"कहता था," गुलाटी करुण फिल्मी गीतों के रिकार्डों में डूब जाता है, "कहता था--तू महलों की रहनेवाली, मैं कुटिया का रहनेवाला...बता फिर तेरा-मेरा प्यार क्या?"

"ठहरो-ठहरो!" प्रभा उसकी पलकें उलथाकर देखती है, जीभ देखती है, "प्रेम के सिम्पटम बोलो।"

"प्रभा, मुझे तुमसे वह हो गया है।" गुलाटी दवाओं की डिटेलिंग करने लगता है, जिसके होने से हार्ट-बीट बढ़ जाता है, "ये हरे कैप्सूल हमारी कम्पनी ने हार्ट-बीट के लिए ही बनाये हैं। वह हो गया है, जिसके होने से वह साला क्या कान लाल होते हैं और माथे पर पसीना आता है। ये पीले कैप्सूल उन्हीं के लिए..."

"काफी सीरियस है।" प्रभा कहती है, "केबिन में ही रहना, अच्छी तरह देखभाल करूँगी। वार्ड में जाने की जिद मत करना। अब बताओ, रोये क्यों थे?"

"वह यूँ कि..." गुलाटी आँसुओं को न्यूट्रल गियर में डाल देता है, "मैं सिर्फ बी.एस.सी. हूँ और मेडिकल रिप्रेजेंटेटिव हूँ और तुम एम.बी.बी.एस. डॉक्टर हो। तुम मुझसे शादी कर लोगी क्या?"

"हाय, शादी की बात मत करो–मर जाने के दिन आये।" प्रभा मेडिकल कॉटन रगड़कर गाल लाल कर लेती है, "मैं डॉक्टर हूँ और मुझे तीन सौ रुपये मिलते हैं। तुम्हें सात सौ मिलते हैं। तुमसे शादी करूँगी तो हमारी आय एक हजार रुपया हो जायेगी। किसी डॉक्टर से करूँगी तो वह छः सौ ही रह जायेगी। आओ, गाना गायें..."

फिल्मी : "प्यार हुआ इकराह हुआ..."

साहित्यिक : "बूझत स्याम कौन तू गोरी..."

क्लासिकल : "ऐं-ऽ-ऽऽऽऽऽऽऽऽ।"

"सुगम संगीत गा लेंगे।" गुलाटी बीफकेस उठाकर चल देता है।

पन्द्रह

"तुम्हारा ब्रीफकेस क्या हुआ!" प्रभा गुलाटी की नब्ज देखती है।

"कम्पनीवालों ने वापस ले लिया।" गुलाटी वेईंग-मशीन पर खड़ा हो जाता है, "पाँच पौंड कम।"

"बात क्या हुई?" प्रभा सिरिंज से अपना खून निकाल लेती है।

"होना क्या था," गुलाटी अपने दिल का ऑपरेशन कर देता है, "मैं दवाओं की डिटेलिंग तुम्हारे पास करता रहा और दूसरे डॉक्टरों से मिलने की काल्पनिक रिपोर्टें भेजता रहा। उनमें से दो डॉक्टर मर चुके थे। डायरेक्टर ने अब उन्हीं को अपनी फर्म का रिप्रेजेंटेटिव बना दिया है।"

"वैरी गुड! वैरी गुड! अब तुम मेरे कम्पाउंडर बन जाना!" प्रभा उसे एपॉइंटमेंट-लेटर लिख देती है। "या फिर कैमिस्ट की दुकान खोल लेना। हस्पताल की दवाएँ, तुम्हारी दुकान पर ट्रांसफर कर दिया करूँगी। हम और भी अमीर हो जायेंगे।"

प्रभा के चेहरे पर योजना-भवन स्थापित हो जाता है।

सौतेली दादी

हमारे दादा ने दो विवाह किये थे। वैसे सोचने पर आश्चर्य होता है कि क्यों किये थे, दो विवाह! हमारी दादी ठीक-ठाक महिला थीं—कद-काठ से भी और मन से भी। युवावस्था में आकर्षक भी रही होंगी। तीन बच्चे थे : हमारी बुआजी, पिताजी और चाचाजी! अपनी ऐसी पत्नी के रहते हुए भी दूसरी पत्नी लाने का कोई कारण तो रहा होगा।... अब सोचता हूँ तो लगता है, बात कोई इतनी रहस्यपूर्ण भी नहीं है। दादा की दादी से बहुत बनती नहीं थी। दोनों में कई प्रकार के मतभेद थे। आरम्भ में दादी जितना दबती थीं, बाद में उतना दबना भी उन्होंने बन्द कर दिया था। बच्चे कुछ बड़े हो गये थे और अपनी माँ का साथ देने लगे थे। दादा को अपने ही घर में अपनी सत्ता डाँवाँडोल दिखायी दी। उन्हें बाहरी शक्ति का सहारा लेना पड़ा। दूसरी पत्नी ले आये अर्थात् एक बाहरी स्त्री को लाकर अवैध ढंग से घर में बसा दिया और अड़ गये कि वही घर की मालकिन है। जब बाहर के लोग आकर घर में इस प्रकार अनाधिकृत आधिपत्य जमा लें, और घर का शासक उनका समर्थन करने लगे, तो बेचारी प्रजा क्या करे। हमारी दादी का अधिकार, क्रमशः क्षीण होता गया और सौतेली दादी का दबदबा और आधिपत्य बढ़ता गया।

दादा-दादी का यह संघर्ष बहुत लम्बा चला। दादी को अपना घर छोड़ना पड़ा। वे अपने भाई के पास चली गयीं। घर पर सौतेली दादी का अखंड साम्राज्य हो गया। बुआजी विवाह के पश्चात् ससुराल चली गयी थीं। पिताजी और चाचाजी स्वतन्त्र रूप से रह रहे थे। तब सौतेली दादी ने यह कहना शुरू किया कि उन्हें अकेले घर में रहना अच्छा नहीं लगता। बच्चों के बिना घर खाने को दौड़ता है। यदि पुत्र उनके साथ नहीं रह सकते, तो उनके बच्चे तो रह सकते हैं। जिसके पोते-पोतियाँ हों, उसका आँगन सूना क्यों रहे! मेल-जोल की इन मीठी बातों और दादा के आदेश ने पिताजी और चाची को उनके आदर्शों में बाँध दिया और दादी ने दोनों के ही दो-दो बच्चे अपने पास रख लिये।

दादी बच्चों से ढेर सारा काम करवातीं, उनके किये हुए कामों में त्रुटियाँ ढूँढ़तीं; और किसी-न-किसी बहाने उन्हें दंडित कर सुख पातीं। वक्ष में दादी का हृदय था नहीं, और दादी का अधिकार उन्हें मिल गया था। बच्चों को कभी खाने नहीं देतीं; कभी पढ़ने नहीं देतीं; कभी खेलने नहीं देतीं। किसी-न-किसी

बहाने से डाँट-फटकार और मार-पीट करतीं।

देश स्वतन्त्र होने के कगार पर था; और विभाजन की तलवार सिर पर लटक रही थी। राष्ट्र-प्रेम में डूबे हमारे बड़े भैया अंग्रेजों के भी विरोधी थे और मुस्लिम लीग के भी। इसलिए प्रतिदिन सन्ध्या समय शाखा में जाने लगे। हमारी सौतेली दादी का राजनीति से कुछ लेना-देना नहीं था; किन्तु अपनी सौत के पोतों को पीड़ित तो करना ही था। अगले ही दिन उसने स्वयं को सैक्यूलर घोषित कर दिया; और जब भैया शाखा से लौटे तो उनकी अच्छी पिटाई की गयी।

"दादी! क्यों पीट रही हो मुझे?" भैया ने विरोध किया।

"क्योंकि तू शाखा में जाता है।" दादी बोलीं।

"शाखा में जाने में क्या बुराई है?" भैया ने पूछा, "वहाँ कुछ व्यायाम होता है, कुछ खेल-कूद। कुछ नैतिकता की बातें होती हैं, कुछ देशभक्ति की।"

"ठीक है।" दादी ने फिर से छड़ी फटकारी, "तेरे वहाँ जाने से, तेरे दादा के अंग्रेज अफसर भी नाराज होते हैं, और हमारे पड़ोसी नज्मुलहुदा भी।"

"अंग्रेज अफसर नाराज होता है, क्योंकि वह सात समुद्र पार कर, हम पर शासन करने आया है और नहीं चाहता कि कोई राष्ट्रभक्ति की बात करे।" भैया बोले, "नज्मुलहुदा मुस्लिम लीगी है। वह अपने लिए पाकिस्तान चाहता है; इसलिए भारतमाता की जयकार सुन नहीं सकता। आपका क्या विरोध है शाखा से?"

दादी कैसे कहतीं कि उन्हें न अंग्रेज अफसर की चिन्ता थी, न नज्मुलहुदा की परवाह। वे तो किसी-न-किसी बहाने बच्चों को पीटकर, उनका और उनके माता-पिता का दमन कर, अपना शासन बनायें रखना चाहती थीं। किन्तु भैया के प्रश्न का उत्तर तो उन्हें देना ही था, बोलीं, "मैं सैक्यूलर हूँ। तू साम्प्रदायिक हो गया है। तेरी पिटाई करना मेरा धर्म है।"

"नज्मुलहुदा मुस्लिम लीगी है। तुम उसकी प्रसन्नता के लिए मुझे पीट रही हो। यह कैसा सैक्यूलरिज्म है?" भैया बोले।

"सैक्यूलरिज्म तो यही होता है।" दादी बोलीं, "नज्मुलहुदा का समर्थन करो और अपने बच्चों को पीटो।"

रात को मुहल्ले पर दंगाइयों का आक्रमण हुआ। पुलिस के आने का कोई प्रश्न ही नहीं था। मकान में आग लगी। दादी के पेट में किसी ने छुरा घोंप दिया था। वे अपने खून में भीगी हुई थीं। बड़े भैया उन्हें अपनी पीठ पर लादकर किसी प्रकार बाहर लाये थे। कुछ महीनों के पश्चात् छुरे के उसी घाव से दादी का देहान्त हुआ—जालन्धर शहर में। उनका दाह-संस्कार बड़े भैया ने ही किया।

[रचना : 1.9.95]

दूरदृष्टि

डॉक्टर ने अच्छी तरह परीक्षण कर बताया कि मेरी पत्नी की दूर की दृष्टि एकदम ठीक थी; किन्तु निकट की दृष्टि कुछ कमजोर हो गयी थी। उसने मुझे सान्त्वना देने की भंगिमा में कहा कि इसमें चिन्तित होने कोई बात नहीं है। सामान्यतः चालीस पार करते-करते सारे ही लोगों की निकट की दृष्टि में कुछ दोष आ जाता है और उन सबको पढ़ने और सीने-पिरोने के लिए ऐनक लगानी पड़ती है।

पर मैं इस सूचना से तनिक भी चिन्तित नहीं था। मैं तो ज्ञान-लाभ के एक विचित्र आनन्द में मग्न था। डॉक्टर की इस सूचना ने मेरे जीवन की अनेक छोटी-बड़ी उलझनें सुलझा दी थीं, मेरी अनेक समस्याओं का समाधान हो गया था और अपने ही नहीं, अपने अनेक पड़ोसियों के दाम्पत्य जीवन का स्वरूप मेरे सामने स्पष्ट हो गया था।

अब मैं समझा कि मेरी पत्नी को मुझमें वे सारे गुण क्यों दिखायी नहीं देते थे जो मेरी पड़ोसिनों को दिखायी पड़ते थे—मैं उसके इतने निकट जो था। ....मैं अपनी पत्नी अथवा अपनी किसी भी परिचित महिला पर पतिव्रता न होने का आरोप एकदम नहीं लगा रहा। ऐसा कुछ नहीं है। सारी भारतीय पत्नियाँ पूर्णतः पतिव्रता हैं, वे अपने पतियों से प्रेम भी बहुत करती हैं, किन्तु उन्हें यह अहसास लगातार बना रहता है कि उनके पति जरा बूद्धू हैं। आसपास के सारे परिचित पुरुषों में कोई-न-कोई गुण होता है। वे चतुर-चालाक होते हैं, किन्तु अपना पति पूरा भकुआ ही दिखायी पड़ता है। ऐसा क्यों होता है, इसका उत्तर तो आज ही आँखों के डॉक्टर की सूचना से मिला। अपना पति उनके निकट जो रहता है...।

मैंने अपने जीवन के अनेक वर्ष इसी उधेड़बुन में बिता दिये थे कि यदि मेरी पत्नी को मुझमें कोई गुण दिखायी नहीं देता, तो उसने मुझसे विवाह क्यों किया था? इस समस्या का समाधान भी आज ही मिला। तब उसकी उम्र चालीस से कम जो थी। तब तक उसकी निकट की दृष्टि ठीक-ठीक देख सकती थी। परिणामतः मैं जैसे-जैसे उसके निकट से निकटतर होता गया था,

वैसे-वैसे प्रिय से प्रियतर होता गया था। दुर्घटना तो तब घंटी, जब वह चालीस पार कर गयी...

चालीस पार करते-करते स्त्रियों के चरित्र में दोष नहीं आता; दोष तो केवल निकट की दृष्टि में आ जाता है। कल तक जो पति उन्हें बड़ा सजीला जवान दिखायी देता था, अब वह आलसी बुढ़ऊ दिखायी देने लगता है। उसकी वीरता झगड़ालूपन लगने लगती है, उसकी समझदारी उसके अहंकार में बदल जाती है, उसकी प्रबन्ध-पटुता घर में तानाशाही का नाम पाने लगती है। कल तक जिस पति से उन्हें मधुर शिकायत थी कि वह उनका इतना ख्याल रखते हैं कि स्वतन्त्र रूप से कुछ करने ही नहीं देते; चालीस पार करते-करते गली-मुहल्ले में चर्चा होने लगती है कि पतिदेव को उनकी कोई चिन्ता ही नहीं है।...और फिर सहसा पड़ोस के पुरुषों में अनेक गुण झलकने लगते हैं। अकस्मात् ही कुछ ऐसा हो जाता है कि सारे परिचित पुरुष सभ्य और शालीन दिखायी देने लगते हैं; बस अपना पति ही हर क्षण लड़ता-झगड़ता, खीझा और खौंखियाया-सा लगता है।...बात और कुछ नहीं, बात तो निकट-दृष्टि के...

सहसा मेरे ध्यान में यह बात आ रही है कि शायद यह बात पुरुषों पर भी लागू होती है। मेरे कॉलेज में जिन लोगों को कल तक कॉलेज के विद्यार्थी और उनका भविष्य दिखायी पड़ रहा था, अब उनके आस-पास सब-कुछ धुँधला-सा गया है और उन्हें आसफ अली रोड पर स्टॉक एक्सचेंज बहुत साफ-साफ दिखायी देने लगा है। कल तक जिन्हें अपने हाथों देश के भविष्य का निर्माण होता दिखायी दे रहा था, आज उन्हें सब गड्डमड्ड-सा लगने लगा है और दूर क्षितिज पर केवल अपना भविष्य दिखायी दे रहा है। कॉलेज का बिगड़ता परिवेश और कलंक-सा परीक्षाफल पढ़ने में उन्हें कठिनाई होने लगी है, किन्तु ऊँचे-ऊँचे पदों के सम्मुख अपना नामपट्ट लगा, उनसे स्पष्ट पढ़ा जा रहा है। किसी को चुनाव का टिकट दिख रहा है, किसी को अफसरी, किसी को शिष्टमंडल की सदस्यता, किसी को दूरदर्शन और आकाशवाणी दिख रहे हैं और किसी को विश्वविद्यालय अनुदान आयोग। किसी को अपना सम्पादक और प्रकाशक दिख रहा है, किसी को अपना अखबार और विज्ञापन ...पर कक्षा में बैठकर पढ़ने को आतुर विद्यार्थी किसी को दिखायी नहीं पड़ रहे।...क्या करें, अवस्था जो चालीस के ऊपर हो गयी है और निकट की दृष्टि...उनसे पूछा जाये कि कॉलेज के विषय में उन्होंने क्या सोचा है, तो धुंधली-सी आँखों से इधर-उधर ताकते हुए प्रश्न करते हैं, "कौन-सा कॉलेज?

कुछ स्पष्ट दिखता नहीं।"

अपना जनतन्त्र भो अब चालीस पार कर चुका है। उसे भी यह तो दिखायी दे रहा है कि फिलिस्तीन और योगोस्लाविया में क्या होना चाहिए; किन्तु पंजाब, कश्मीर और असम में क्या होना चाहिए—यह दिखने की तो अब उम्र ही नहीं रही। वह श्रीलंका में तो एल.टी.टी.ई. से लड़ सकता है, किन्तु अपने देश के आतंकवादी उसकी दृष्टि में स्पष्ट नहीं है। उसके पास संसार की प्रत्येक समस्या का समाधान है, किन्तु अपने देश की न गरीबी सँभलती है, न जनसंख्या। दक्षिणी अफ्रीका में वह रंग-भेद मिटाना चाहता है, किन्तु अपने देश में तरह-तरह के कमीशन और आयोग बनाकर नये-नये भेदभाव उत्पन्न ही नहीं करना चाहता, पुराने भेदभावों को दृढ़ करने में भी उसका पूरा विश्वास है। हजारों वर्षों के इतिहास में कब, कहाँ अत्याचार हुआ, यह उसे आज भी हाथ के कंगन के समान दिखायी दे रहा है, किन्तु उसकी अपनी नीतियों से कौन कहाँ झुलस रहा है—यह उसे दिखायी नहीं देता।

आँखों के डॉक्टर ने कहा है कि निकट-दृष्टि की ऐनक लगा लेनेमात्र से मेरी पत्नी को निकट की चीजें भी ठीक-ठीक दिखायी देने लगेंगी। वह पढ़ने और सीने-पिरोने लगेगी...पर यह कौन बतायेगा कि वह कौन-सी ऐनक है, जिसे लगाकर मेरे देश का जनतन्त्र स्वयं अपनी ही समस्याओं को ठीक-ठीक देख सकेगा।

सम्बन्धी

"यह भागवत क्या जयललिता का कोई सम्बन्धी है?" मैंने पूछा।

"नहीं तो। क्यों?" रामलुभाया ने अपना प्रश्न मेरी ओर उछाल दिया।

"अम्मा उसके पीछे देश की सरकार गिराने पर तुली हुई है न।"

"तुम्हारी तो कसौटी ही उल्टी है।" रामलुभाया हँसा, "सम्बन्धी तो वह होता है, जिसकी खाट खड़ी की जाती है। उस दृष्टि से जार्ज फर्नांडीस अम्मा के सम्बन्धी लगते हैं।"

"व्यर्थ की बात करते हो।" मैंने कहा, "लोग अपनों का हित करने के लिए आकाश-पाताल एक कर देते हैं। जिसकी हानि की जाये, वह तो शत्रु होता है।"

"अच्छा।" वह हँसा, "बताओ, पंडित नेहरू का सम्बन्ध राजा हरिसिंह से था, अथवा शेख अब्दुल्ला से?"

"दोनों में से किसी से भी नहीं।" मैंने कहा।

"अच्छा कश्मीरी पंडितों से था या मुहम्मद अली जिन्नाह से?" उसने पूछा।

"हिन्दुओं से तो सम्बन्ध हो सकता है, जिन्नाह से क्या सम्बन्ध होगा?" मैंने कहा।

"ठीक।" वह हँसा, "इसलिए हिन्दुओं को सदा के लिए कश्मीर से बाहर कर दिया और थिमैया की सेना को रोककर आधा कश्मीर सदा के लिए जिन्नाह को दे दिया।"

"अरे, वह तो अपवाद है।" मैंने उसकी बात को हँसकर टाल दिया, "ऐसे कहीं सिद्धान्त बनते हैं।"

"अच्छा मुलायमसिंह भारतीय है या पाकिस्तानी?"

"भारतीय। निश्चित रूप से भारतीय। वे तो हमारे रक्षा मन्त्री रहे हैं।" मैंने कहा, "इसमें सन्देह का प्रश्न ही कहाँ उठता है।"

"ठीक। इसीलिए कह रहे हैं कि पाकिस्तान की आर्थिक सहायता की जाये, ताकि वह हमारे पैसे से हमारी सीमाओं में सेंध लगाये। यह मुलायम के भारतीय

होने का पक्का प्रमाण है।" रामलुभाया मुझसे सहमत हो गया, "अच्छा। वह हिन्दू है या मुसलमान?"

"हिन्दू। पक्के हिन्दू। वे तो हमारे रामजी के पक्के भक्त हैं।" मैंने कहा।

"इस बार भी तुम पास हो गये।" रामलुभाया ने मेरी पीठ थपथपायी, "इसीलिए उसने अयोध्या में गोलियाँ चलवाकर हिन्दुओं को मरवाया था। रामजी उसके इष्ट देव हैं, इसीलिए उसने जन्मभूमि पर उनका मन्दिर नहीं बनने दिया।" उसने रुककर मेरी ओर देखा, "सिद्धान्त बनाने के लिए इतने प्रमाण काफी हैं या कुछ और उदाहरण दूँ?"

"देखो रामलुभाया।" मैंने कहा, "यद्यपि मेरे पास तुम्हारी किसी बात का उत्तर नहीं है, पर मैं तुम्हारी बात को सच मान लूँ, यह सम्भव नहीं है।"

"तुम्हारे बुद्धिजीवी होने का यह सम्यक् प्रमाण है।" वह हँसा, "अच्छा। उड़ीसा में आदिवासी ईसाई लड़की के साथ हिन्दुओं द्वारा बलात्कार का झूठा समाचार किसने आकाश तक पहुँचाया था?"

"हिन्दू पत्रकारों ने।"

"अब हिन्दू आदिवासी लड़की के साथ ईसाइयों द्वारा बलात्कार का समाचार जानकर भी कौन चुप है?"

"हिन्दू पत्रकार।"

"और कोई प्रमाण चाहिए?" वह बोला, "तुम्हें नहीं चाहिए, पर मैं तुमको प्रमाण देता हूँ। नाटो देशों का धर्म क्या है?"

"ईसाई।"

"वे किस पर बम बरसा रहे हैं?"

"ईसाइयों पर। मैं तुमसे पूछना ही चाहता था कि उनका अल्बानी मुसलमानों से क्या सम्बन्ध है?"

"अफगानिस्तान का सत्यानाश किसने किया?" वह अपने प्रवाह में पूछता जा रहा था।

"पाकिस्तान ने।" मैंने कहा।

"इसलाम का झंडा उठानेवाले ने ही तो। वहाँ कोई और तो नहीं आया।" वह बोला, "और अब कौन चाहता है कि भारतीय मुसलमान अपने देश में शान्ति से न रहें, सदा अपने पड़ोसियों से लड़ते रहें, उनसे घृणा करते रहें और उनसे घृणा पाते रहें।"

"पाकिस्तान।"

"और पाकिस्तान मित्र किनका है?"

“चीन और अमरीका का।”

“उनमें से कोई मुसलमान है?”

“नहीं।”

“अब क्या कहते हो?”

“पर पाकिस्तान अरब देशों का तो मित्र है। केवल धर्म के कारण ही तो।” मैंने सन्देह प्रकट किया।

“वैसे तो जयललिता भी वाजपेयीजी की मित्र है। जब तक उनकी सनक मानते चलो, तब तक मैत्री और जब न्याय की बात करो, तब धमकी।” वह बोला, “अरब देशों से पाकिस्तान को जितना धन मिलता है, उतना वह उनसे ले लेगा; और जिस दिन अमरीका का आदेश होगा, वह अपनी सेना अरब देशों पर आधिपत्य जमाने के लिए अमरीका के हाथ में सौंप देगा। सेना पाकिस्तान की मरेगी और स्वामी कौन होगा?”

“अमरीका।”

“अब तुम ठीक-ठीक समझ रहे हो।” रामलुभाया मेरी पीठ थपथपाकर हँस पड़ा।

शब्दशिल्पी

कारगिल में युद्ध छिड़ा तो रामलुभाया को लगा कि समाचार बनाने का समय आ गया है। समाचार तो सारे ही देश में थे किन्तु युद्धभूमि से समाचार लाना विशेष महत्त्व का काम था। महाभारत में संजय ने भी तो यही काम किया था। उसकी समाचार एजेंसी उसे पत्रकार के रूप में मोर्चे पर लड़ते सैनिकों के पास भेज ही रही थी। वह जाने को तैयार हो गया।

रामलुभाया ने देखा, जवान अपने बंकर में बैठे अपने नायक के आदेश की प्रतीक्षा में थे। रामलुभाया प्रसन्न हो गया। उसने अपने हाथ में माइक पकड़ लिया और एक सैनिक के निकट जाकर कहा, 'आपको अपने घर की तो बहुत याद आती होगी।'

उसका विचार था कि सैनिक उसकी ओर देखेगा तो ऐसे लगेगा, जैसे उसे इस परदेस में अपना सगा भाई मिल गया हो। वह इतनी दूर से उसका कुशलक्षेम जो पूछने आया था। उसकी आँखें भर आयेंगी और वह बहुत करुण स्वर में कहेगा कि क्या करूँ। मेरा कर्तव्य मुझे यहाँ ले आया है।

पर ऐसा कुछ नहीं हुआ। सैनिक ने उसकी ओर देखा अवश्य किन्तु उसकी आँखों में उसके लिए कोई सौहार्द नहीं था। कोई सम्मान नहीं था। वह बोला, "पता नहीं हमारी सरकार और हमारे अधिकारी तुम जैसे लोगों को मोर्चे तक आ जाने की अनुमति क्यों दे देते हैं।"

"क्यों?" रामलुभाया फटी-फटी आँखों से उसे देखता रह गया, "मैं इतना संकट झेलकर दिल्ली से यहाँ आया हूँ। तुम्हारे प्रति अपनी सहानुभूति प्रकट करने के लिए ही तो।"

"तुम यहाँ क्या करने आये हो?" सैनिक ने पूछा, "मुझे मेरी पत्नी की याद दिलाने? मैं यहाँ अपनी पत्नी और बच्चों को याद करूँगा तो पाकिस्तान के भेजे इन हिंस्र पशुओं से कौन लड़ेगा—तुम्हारी अम्मा।"

"नहीं! इसमें रुष्ट होनेवाली तो कोई बात नहीं है मेरे देश के जवान।" रामलुभाया ने उसे समझाने के लिए कहा, "मैंने तो इसलिए पूछा क्योंकि तुम्हारे

सिवा उनका और है ही कौन?"

"तो मेरे देश का भी मेरे सिवा और कौन है?" सैनिक ने पूछा, "देश की रक्षा नहीं की जायेगी तो मेरा परिवार सुरक्षित रह पायेगा क्या? मैं बीच से हट जाऊँगा तो तुम्हारा यह कैमरा और माइक इस्लामाबाद नहीं पहुँच जायेंगे क्या?"

"नहीं! बात यह है कि आप जो देश के लिए प्राण देने इतनी दूर आये हैं..."

"अबे ओ रसगुल्ले।" सैनिक ने उसे डाँटा, "मेरा देश इतना बड़ा है तो उसकी सीमाएँ भी विस्तृत होंगी। और दूर आने का क्या अर्थ? कहाँ से दूर? अपने देश से दूर आया हूँ क्या?"

"मैं यह कह रहा था सैनिक भाई।..." रामलुभाया ने अपना पक्ष स्पष्ट करना चाहा।

"तू जो कुछ कह रहा है, वह सब मेरी समझ में आता है।" सैनिक ने उसे डाँट दिया, "अब जरा ध्यान से सुन। मैं अपने प्राण देने नहीं आया, शत्रुओं से लड़ने आया हूँ। देश की रक्षा करने आया हूँ। उसके मूल्य-स्वरूप प्राण देने पड़ेंगे तो वह दूँगा। और जिसके लिए यह सब करूँगा, वह मेरा अपना देश है। मेरी भारत माता।"

"मैं भी तो यही कह रहा हूँ।" रामलुभाया ने कुछ साहस कर कहा, "भला इसमें रुष्ट होने की क्या बात है।"

"रुष्ट होने की कोई बात ही नहीं है।" सैनिक ने उसे झिड़क दिया, "मैं अपने काम में लगा हूँ। मेरा काम कठोर है। रक्त देने और लेने का। जब मैंने देश के लिए यह दायित्व सँभाला था, तब भी मुझे यह सब ज्ञात था। आज तक जिस काम की तैयारी की थी, अब जब उसकाम का अवसर आया है तो तू मुझे यह स्मरण कराने चला आया है कि मेरे सिवा मेरे परिवार का और कोई नहीं है। एक तू ही है, हम सबका शुभचिन्तक।"

"नहीं! मैं कह रहा था कि यहाँ इतनी ठंड है।"

"तो?" सैनिक की आँखों में से तेज झाँक रहा था, "देश की रक्षा हीटरों से गरम किये हुए कमरे में बैठकर होती है क्या?"

"मैं तो तुम्हारी प्रशंसा कर रहा था।" रामलुभाया ने रुआँसे होकर कहा, "और तुम मुझे ही डाँट रहे हो।"

"तुमको ढंग से प्रशंसा करनी भी नहीं आती। मूर्ख मित्र से तो बुद्धिमान

शत्रु ही अच्छा।" सैनिक बोला, "तुम्हारा सारा प्रयत्न मुझे दुर्बल करने का है। तुम इतनी बात भी नहीं समझते हमारा शत्रु जितना कठोर हो सकता है, देश की रक्षा के लिए हमें उससे भी अधिक कठोर बनना पड़ेगा। शत्रु हमारे देश को नष्ट करने के लिए जितनी ठंड झेल रहा है, हम उससे भी अधिक ठंड झेलने की क्षमता विकसित नहीं करेंगे तो देश की रक्षा कैसे होगी? भारत माता की रक्षा कैसे होगी?"

"ठीक है भैया!" रामलुभाया बुझे मन से उठ खड़ा हुआ, "मैं तो किसी सुरक्षित स्थान पर चला जाऊँगा। तुमको ही शत्रुओं के गोलों और गोलियों का सामना करना होगा।"

"तो तुम क्या चाहते हो कि मैं भी किसी सुरक्षित स्थान की खोज में निकल जाऊँ और यह चौकी शत्रुओं को सौंप दूँ?" सैनिक का स्वर तनिक भी कोमल नहीं था।

"तुम मेरी बात तो समझते नहीं हो।" रामलुभाया खीज गया।

"मैं तो समझता हूँ।" सैनिक ने शान्त स्वर में कहा, "तुम ही नहीं समझ रहे कि तुम क्या कह रहे हो, यद्यपि तुम्हारा शस्त्र तो शब्द ही है।"

थोपना

हाय! यह घटना पचास वर्ष बाद घटी। नहीं तो अंग्रेजों का साम्राज्य बिखरने से बच जाता; और वे आज भी ठाट से इस देश पर राज्य कर रहे होते। महारानी एलिज़ाबेथ जैसी गोरी स्त्री हम पर राज्य कर रही होती। साड़ी पहननेवाली गोरी नहीं, फ्रॉक पहननेवाली असली गोरी। कितने गौरवान्वित होते हम कि लाल नहीं नीला रक्त हम पर राज्य कर रहा है। सोचकर ही सारा देश पुलक से सिहर उठता है। सभा का आरम्भ 'गॉड सेव द किंग' से होता। न राष्ट्रीय गीत थोपते हम किसी पर, न सरस्वती वन्दना। वैसे तो एक प्रकार से राज्य अब भी अंग्रेज ही कर रहे हैं, हम पर। पर थोड़ा-सा अन्तर भी है। खुलकर राज्य नहीं कर सकते, इसलिए आड़ से कर रहे हैं। यदि अंग्रेजों को समय से इसकी भनक भी पड़ जाती तो वे इस देश में होनेवाले स्वतन्त्रता के आन्दोलनों को कुचलने के लिए अपनी सेना और पुलिस को क्यों लगाते, वे वही करते जो हमारे देश के अनेक शिक्षा मन्त्रियों ने सरस्वती वन्दना के नाम पर किया। कह देते कि तुम देश की स्वतन्त्रता नहीं माँग रहे, इस देश के अल्पसंख्यकों और धर्मनिरपेक्ष ताकतों पर हिन्दुत्व थोपने का अपराध कर रहे हो। वैसे गलती तो हमारी सरकार की ही है। वे देवी सरस्वती का वह चित्र वहीं लगा देते, जो फिदा मकबूल हुसेन ने बनाया है तो सरस्वती वन्दना न केवल सेकुलर हो जाती, वह प्रगतिशील भी हो जाती। धर्मनिरपेक्षता और प्रगतिशीलता की अनिवार्य शर्त है–हिन्दुओं का अपमान। वह हो जाये तो सब कुछ न्यायसंगत हो जाता है इस देश में।

मुझे बहुत आश्चर्य होता है कि जब कांग्रेस ने 'अंग्रेजो! भारत छोड़ो' का नारा दिया तो अंग्रेजों को क्यों यह नहीं सूझा कि कांग्रेस उन पर हिन्दुत्व थोपने का प्रयत्न कर रही है। सारा झगड़ा ही समाप्त हो जाता। हम उनको विश्वास दिलाने में लग जाते कि नहीं, हम उन पर हिन्दुत्व नहीं थोप रहे हैं। हिन्दुत्व कोई थोपने की चीज है। छिः-छिः। ऐसा पाप करने का साहस कोई कैसे कर सकता है? थोपने को और बहुत कुछ है। पिछले हजार वर्षों से इस देश पर सदा थोपा ही तो जाता रहा है। नेताजी सुभाषचन्द्र बोस की सेना के साथ अंग्रेजों को युद्ध करने की क्या आवश्यकता थी? बस उनसे कह देते, देखो तुम हम पर देसी राज थोपने का प्रयत्न कर रहे हो। बस नेताजी स्वयं ही अपने कृत्य पर लज्जित हो जाते और आजाद हिन्द फौज का अंग्रेजों की

सेना में विलय कर देते। भगतसिंह, राजगुरु और सुखदेव को फाँसी देने की क्या आवश्यकता थी। उन्हें कहा जाता कि वे लोग भारत माता नामक किसी हिन्दू देवी को इस देश की धर्मनिरपेक्षता पर थोपना चाहते हैं। वे बेचारे स्वयं ही पानी-पानी होकर क्षमा माँग लेते।

थोपने का नारा लगाने का यह फार्मूला बहुत ही उपयोगी है। पाकिस्तान, अफगानिस्तान, अरब और सूडान से आ-आकर उनके आतंकवादी कश्मीर को श्मशान बनाते रहें, तो चिड़ी का पूत भी नहीं बोलता। हमारी सेना आतंकवादियों को खोजने भी जाये तो तत्काल मानवतावादी शोर मच जाता है कि सेना उन बेचारे निर्दोष कश्मीरियों पर अपनी इच्छा थोप रही है। कैसे न शोर मचायें। हम कश्मीरियों पर कुछ हजार हिन्दू जो थोप रहे हैं। वे हमें इसकी अनुमति कैसे दे सकते हैं।

जब कहीं से स्वर उठा कि भई! इस अंग्रेजी को हटाओ और हमें अपनी भाषाओं में काम करने दो तो तत्काल शोर मच गया, "ये हम पर हिन्दी थोपने का षड्यन्त्र कर रहे हैं।" हम इतने विरुद्ध हैं थोपने के कि हमने कह दिया कि जब तक नागालैंड और मिजोरम जैसे छोटे-छोटे प्रदेश भी इस सारे देश पर अंग्रेजी थोपना चाहेंगे, हम उसका सिर झुकाकर स्वागत करेंगे। रोम अथवा यूरोप-अमरीका के किसी भी कोने से आकर कोई पादरी उनके कानों में भरता रहेगा कि उनकी भाषा तो अंग्रेजी है और हम इस भय से कि कहीं उन पर हिन्दी थुप न जाये, सारे देश को अंग्रेजी में काम करने को बाध्य करते रहेंगे।

वैसे लोगों का क्रोध भी अपने स्थान पर उचित ही है। एक सहस्र वर्षों से सोया हुआ देश जागना क्यों चाहता है। यदि वह वैसे ही सोया रहे और संसार के गिद्धों ने अपना शरीर नुचवाता रहे तो उसमें क्या बुराई है। संसार को तो अब आदत पड़ गयी है इसे नोंचने की। हम जाग उठेंगे तो वे बेचारे नोंचेंगे किसे? नोंचना उनका जन्मसिद्ध अधिकार है। अब हम अपनी अस्मिता बचाने के लिए अन्य लोगों के जन्मसिद्ध अधिकार तो नहीं छीन सकते। जॉर्ज पंचम की मूर्ति हटाकर उस स्थान पर गाँधी की मूर्ति थोपने का साहस हम कैसे कर सकते हैं?

पता नहीं क्या बात है कि हम पर जो थोपा गया, वह किसी को दिखायी ही नहीं देता। हम साँस भी लेते हैं तो कोलाहल मच जाता है कि हम साँस नहीं ले रहे, दूसरों पर कार्बन डाई ऑक्साइड थोप रहे हैं। हम सहम जाते हैं। यह बुरी बात है। हम किसी पर कुछ नहीं थोपेंगे। हम साँस ही नहीं लेंगे। क्या हो जायेगा, अधिक-से-अधिक हम मर ही तो जायेंगे। दूसरों पर थोपने से तो साँस न लेना ही अच्छा। थोपने के आरोप से कलंकित जीवन से तो मरना ही अच्छा।

वैकल्पिक

रामलुभाया ने चोर को पकड़ लिया। चोर ने कोई प्रतिरोध नहीं किया। वह उसे थाने ले आया। चोर कुछ नहीं बोला। चोर को मार-पीटकर, उससे चोरी कबूलवाई गयी, चोर ने कोई आपत्ति नहीं की। अन्ततः जब रामलुभाया उससे चोरी का माल छीनकर, उसे हवालात में डालने लगा तो चोर अकड़ गया।

"यह सब नहीं चलेगा थानेदार साहब!" उसने रामलुभाया को डाँट दिया, "ऐसे ही चुपचाप हवालात में नहीं चला जाऊँगा। पहले आप मेरे सामने चोरी का यह माल या इसका वैकल्पिक मूल्य मेरे परिवारवालों को दीजिये। तब जाऊँगा हवालात में, नहीं तो..।"

"नहीं तो क्या?" रामलुभाया ने अपना डंडा घुमाया।

"नहीं तो आपकी शिकायत ऊपर तक करूँगा।" वह बोला, "अनशन करूँगा। दुराग्रह करूँगा। दंगा करूँगा। अभी मेरे संगी-साथी आयेंगे और आपकी पेटी-वर्दी सब उतरवा लेंगे।"

रामलुभाया ने उसे दो डंडे जमाये, "साला नेतागिरी करता है। क्या शिकायत करेगा बे तू मेरी कि मैंने तुमसे चोरी का माल बरामद कर लिया है?"

"नहीं! शिकायत यह है कि वैकल्पिक माल दिये बिना तुमने मेरा चोरी का माल छीन लिया है।"

"ऐ!" रामलुभाया ने उसे धमकाया, "यह चोरी का माल है। तेरे बाप की जागीर नहीं है। न ही मैं तेरा माल खरीद रहा हूँ कि तुझे वैकल्पिक माल या मूल्य दिया जाये।"

"क्यों?" चोर गरजकर बोला, "जब सरकारी जमीन पर डाली गयी झुग्गी गिराते हो तो उसे वैकल्पिक स्थान देते हो या नहीं?"

"सरकारी जमीन पर झुग्गी डालना और किसी के घर चोरी करना एक बात है क्या?" रामलुभाया बोला।

"नहीं! एक तो नहीं है।" चोर बोला, "सरकारी जमीन लाखों रुपये की हो सकती है। मैंने तो कुल दो-ढाई सौ रुपयों के कपड़े ही चुराये हैं। फिर चोरी की जमीन पर झुग्गी डालनेवाला, सरकारी बिजली और पानी की भी चोरी करता है।

मैं वह सब तो नहीं कर रहा। वह पड़ोस में बने नकानों के सामने शौच के लिए भी बैठता है। उसके बच्चे सड़क को सार्वजनिक शौचालय भी बना देते हैं। मैं तो लौटकर घटनास्थल पर शौच के लिए भी नहीं बैठूँगा। एक छोटी-सी चोरी कर मैं झुग्गी डालनेवालों की महानता की बराबरी कैसे कर सकता हूँ।"

"अबे वे गरीब लोग होते हैं, इसलिए सरकार उनकी सहायता करती है।" रामलुभाया ने उसे धमकाया।

"तो मैं तुम्हें कोई टाटा-बिरला लग रहा हूँ।" चारे बोला, "मैं भी तो गरीब आदमी हूँ। जमीन हथियाने में गरीबों की सहायता करनेवाली सरकार दूसरे का माल हथियाने में इस गरीब आदमी की सहायता क्यों नहीं करती?"

"ओहो।" रामलुभाया खीजकर बोला, "वे लोग सरकारी जमीन उठाकर तो नहीं ले जा रहे। जमीन तो वहीं रहेगी; और सरकार की ही रहेगी। तुम समझते क्यों नहीं हो कि उनके पास रहने का स्थान नहीं होता, इसलिए वे किसी की भी जमीन पर रह सकते हैं।"

"कहते तो आप ठीक हैं दीनदयाल थानेदार साहब! पर यह तर्क जमता नहीं है।"

"कैसे?" रामलुभाया ने पूछा।

"मैं दिल्ली से मुम्बई जा रहा था।" चोर ने कथा आरम्भ की, "मैं वातानुकूलित प्रथम श्रेणी में जा बैठा। थोड़ी देर में एक सज्जन आकर मुझसे लड़ने लगे कि वह शायिका उनकी थी। मैं नहीं उठा तो वे टिकट निरीक्षक को बुला लाये। उसने कहा कि वह शायिका मेरी नहीं है। मैंने कहा, 'मुझे मालूम है कि वह मेरी नहीं है।' उसने कहा कि मैं अपनी शायिका पर चला जाऊँ। मैंने कहा, 'मेरी कोई शायिका नहीं है। पर यात्रा तो मुझे भी करनी है। इसीलिए वह मुझे कोई वैकल्पिक स्थान दे।' वह सहमत हो गया किन्तु टिकट के पैसे मेरे पास नहीं थे। मैंने कहा, 'मेरे पास टिकट नहीं है, इसलिए मैं शायिका के नीचे सो जाऊँगा, पर वह एकदम नहीं माना। उसने मुझे गाड़ी से उतारा ही नहीं, पुलिस के हवाले कर दिया। मुझे तब भी कारागार में रहने का सम्मान मिला था। मैं चिल्लाता रहा कि गाड़ी सरकार की है, सरकार की ही रहेगी। उसमें बैठकर मैं मुम्बई तक यात्रा कर लूँगा तो किसी का क्या बिगड़ जायेगा। न शायिका घिस जायेगी, न रेलकर्मचारी वेतन के बिना भूखे मर जायेंगे।" चोर ने रुककर रामलुभाया की ओर देखा, "उसने मुझे सरकारी गाड़ी में बिना मूल्य चुकाये, मुम्बई तक नहीं बैठने दिया और आप झुग्गीवाले को वहाँ सारा जीवन बैठने ही नहीं दे रहे, उसे उस स्थान को बेच देने का स्वामित्व भी दे रहे हैं।

अतः आप मुझे भी चोरी के माल का वैकल्पिक मूल्य दीजिये।"

"अबे झुग्गीवालों के पीछे बड़े-बड़े राजनीतिक नेता होते हैं।" रामलुभाया बोला, "पश्चिम विहार में दिल्ली विकास प्राधिकरण के सरकारी बाजार के बरामदे में झुग्गियाँ बन गयी हैं। किसी के बाप का साहस नहीं है, कि उन्हें वहाँ से हटवाकर बाजार खोले।"

"तो दो-चार राजनीतिक नेता मैं भी ले आता हूँ।" चोर धड़ल्ले से बोला, "उनमें से अधिकांश तो हमारी ही बिरादरी के हैं। हाँ! वे कुछ बड़ी चोरियाँ करते हैं। हम उनकी बराबरी नहीं कर सकते।"

"बकवास बन्द कर।" रामलुभाया ने उसे डाँटा, "यदि कोई नेता-वेता तेरी सिफारिश करने आया तो उसे चोरी में सहायक होने के अपराध में बन्द कर दूँगा।"

"तो सरकारी जमीन की चोरी करनेवालों के सहायक नेताओं को चोरी के अपराध में क्यों धर नहीं लेते आप?" उसने रामलुभाया की आँखों में आँखें डाल दीं।

"तू बहुत बकवास कर रहा है।" रामलुभाया ने उसे डाँटा, "कल मैं अवैध रूप से चलनेवाला कोई साइकिल रिक्शा पकड़ूँगा तो रिक्शावाला मुझसे उसका वैकल्पिक मूल्य माँगेगा?"

"पर साइकिल रिक्शावाले को आप पकड़ेंगे ही क्यों? वह रिक्शे की चोरी तो नहीं कर रहा। न वह सड़क की चोरी कर रहा है।"

"उसके पास परमिट नहीं होता।" रामलुभाया बोला, "कोई ड्राइविंग लाइसेंस नहीं होता।"

"तो उसे परमिट दिलवा दीजिये।"

"साइकिल रिक्शा को दिल्ली की सड़कों पर चलने का परमिट नहीं दिया जा सकता।" रामलुभाया बोला, "वह बहुत धीमे चलता है। उससे तो तीव्रगामी वाहनोंवाले इस नगर की सारी यातायात व्यवस्था ठप हो जायेगी।"

"तो साइकिल रिक्शावाला झुग्गी के वैकल्पिक स्थान के समान परमिटवाला वैकल्पिक स्कूटर रिक्शा माँगेगा। और आपकी सरकार उसे वह दे देगी? साइकिल रिक्शावाला भी तो गरीब आदमी है।"

"अबे मैं उसे पकड़ूँगा ही क्यों?" रामलुभाया चिल्लाया, "बिना परमिट लाइसेंस के चलते हैं तो क्या, इस नगर में सारे साइकिल रिक्शा या पुलिसवालों के हैं, या छोटे-मोटे स्थानीय नेताओं के।"

"तो फिर मेरा दोष केवल इतना ही है न कि मैं पुलिस और नेताओं को

हफ्ता दिये बिना चोरी कर रहा हूँ।" चोर बोला, "इतनी से प्रमाद के लिए आप मेरा चोरी का मौलिक अधिकार मुझसे छीन लेंगे?"

"नहीं तेरा अपराध यह नहीं है मूर्ख।" रामलुभाया बोला, "तेरा अपराध यह है कि तूने अभी तक चोरों को संगठित कर कोई वोट बैंक नहीं बनाया है। नहीं तो अब तक कितने ही नेता और कितने ही राजनीतिक दल तुमको अपनी सन्तान के समान पाल रहे होते और अपनी रखैल के रूप में तुम्हारी रक्षा कर रहे होते।"

भेद

रामलुभाया ने समाचारपत्र एक ओर डाल दिया और अपनी जेब से रूमाल निकालकर अपनी आँखें पोंछीं।

मैं समझ गया कि समाचारपत्र में कोई ऐसा पीड़ादायक समाचार छपा होगा, जिसे पढ़कर उसके भावुक हृदय को आघात पहुँचा होगा। पर मेरे मन में रामलुभाया के लिए तनिक भी सहानुभूति नहीं उपजी। भला वह सुबह-सुबह समाचारपत्र पढ़ता ही क्यों है। समाचारपत्र तो छपता ही इस दृष्टिकोण से है कि आप पढ़ें कि रात-भर में संसार में कितनी हत्याएँ हुईं, कितनी डकैतियाँ हुईं, कितने बलात्कार हुए इत्यादि और यह सब पढ़कर अपनी नींद हराम कर लें।...कई लोग मेरी इस मान्यता से सहमत नहीं होते थे। वे तड़पकर कहते थे कि ये सारे आपराधिक समाचार हैं। इनके अतिरिक्त उसमें राजनीतिक और आर्थिक समाचार भी होते हैं। किन्तु अब वे सज्जन भी मानने लगे हैं कि जिसे वे राजनीतिक समाचार कहा करते थे, वस्तुतः वे भी राजनीति के साथ बलात्कार, देश की जनता की हत्या और देश की अर्थव्यवस्था पर डकैती के ही समाचार हैं।

अब मेरी तो समझ में नहीं आता कि प्रातः ब्रह्म मुहूर्त में राम का नाम लेने के स्थान पर लोग इन आपराधिक समाचारों को पढ़कर अपना दिन खराब क्यों करते हैं। अपने उसी रोष के कारण मैंने रामलुभाया से पूछा ही नहीं कि ऐसा कौन-सा समाचार है, जिसको पढ़कर वह आँखों से अश्रु बहा रहा है। पर मेरे पूछने न पूछने से क्या होता है। जिसे बताने की तलब लगती है, वह बताता ही है, चाहे कान में बताये, चाहे भोंपू लगाकर लोगों की नींद हराम करके बताये।

"यह नया प्रधानमन्त्री तो गया।" उसने मुझे बताया।

"क्यों?" मैंने चकित होकर पूछा। मैं तो समझ रहा था कि उसने कोई ऐसा समाचार पढ़ लिया है, जिसमें गरीब माता-पिता ने पहले सात लड़कियाँ और एक लड़का पैदा करने का कष्ट उठाया और फिर उनको पालने का कष्ट नहीं उठा सके तो उनको विष देकर मार डाला और फिर स्वयं भी आत्महत्या कर ली। पर रामलुभाया तो किसी प्रधानमन्त्री की चर्चा कर रहा था।

"इसने तो आत्महत्या कर ली।"

मैं गम्भीर हो गया। किसी गरीब परिवार की आत्महत्या से तो प्रधानमन्त्री की आत्महत्या निश्चित रूप से अधिक दुखद समाचार है। गरीब परिवार ने तो वे बच्चे स्वयं पैदा किये थे पर प्रधानमन्त्रो को तो देश ने पैदा किया था।

"आत्महत्या कर ली? कैसे??" मैं उचककर खड़ा हो गया, "ऊँचाई से कूदकर? छत से लटककर? विष खाकर? पानी में कूदकर अथवा अपने पुत्र को चुनाव का टिकट देकर?"

"ऊँचाई से तो वह कूदे, जो कभी ऊँचाई तक पहुँचा हो।" वह बोला, "ये बेचारे तो केवल पतन की ओर जा सकते हैं, इसलिए कुएँ में ही कूद सकते हैं। पर मैं उसकी बात नहीं कर रहा।"

"तो किसकी बात कर रहे हो?" मैंने पूछा।

"अरे इसने तो एक वक्तव्य देकर आत्महत्या कर ली।"

मैंने कभी कल्पना भी नहीं की थी कि एक वक्तव्य से भी आत्महत्या हो सकती है।

"वक्तव्य भी कोई ब्लेड है, कि उससे कोई अपनी नस काटकर आत्महत्या कर ले?"

"वक्तव्य ब्लेड नहीं तलवार है प्यारे।" वह बोला, "अब देखो प्रधानमन्त्री बनते ही इन्होंने वक्तव्य दे दिया कि वे देश के अल्पसंख्यकों के साथ कोई भेदभाव नहीं करेंगे।"

"यह तो बहुत अच्छी बात है।" मुझसे कहा, "इस वक्तव्य का अल्पसंख्यक तो क्या सारी मानवता स्वागत करेगी। अल्पसंख्यक स्वागत करेंगे तो देश उसका स्वागत करेगा, क्योंकि हमारे यहाँ संविधान में एक लुप्त प्रावधान है कि सरकार सदा अल्पसंख्यकों की ही रहेगी।"

"तुम तो मूर्ख हो," उसने मुझे डाँट दिया, "भेदभाव नहीं करोगे तो उसका अर्थ है कि तुम अल्पसंख्यकों को भी केवल वे ही अधिकार दोगे, जो बहुसंख्यकों को देते हो?"

"हाँ!"

"तो तुम उनसे अपने धार्मिक स्कूल, कॉलेज, शिक्षण संस्थाएँ खोलने का अधिकार छीन लोगे? यह अधिकार तो बहुसंख्यकों को नहीं है।"

"नहीं! उनसे यह अधिकार कैसे छीना जा सकता है।"

"उनको एक से अधिक विवाह करने का अधिकार नहीं दोगे? जो बहुसंख्यकों को नहीं है।"

"नहीं! यह अधिकार तो उन्हें देना ही पड़ेगा। आखिर वे अल्पसंख्यक हैं।"

"उनको तीर्थ करने के लिए देश से बाहर जाने के लिए सरकारी अनुदान नहीं दोगे? जो बहुसंख्यकों को नहीं देते हो।"

"वे तीर्थ करते ही नहीं।" मैंने रामलुभाया की भूल पकड़ ली थी।

"हाँ! वे तीर्थ नहीं करते, हज करते हैं, जैसे वे कविता नहीं करते, शायरी करते हैं। पर बात तो वही है।"

"अच्छा हज! पर उसके लिए तो अनुदान देना पड़ेगा। सैकुलर सरकार है भाई।"

"अच्छा! मैं तो समझता था कि सैकुलर सरकार वह होती है, जो धार्मिक कृत्यों से तटस्थ रहती है।" रामलुभाया ने मुझे चिढ़ाया, "यह तो आज ही मालूम हुआ कि केवल एक सम्प्रदाय को अनुदान देकर विदेशों में तीर्थाटन के लिए प्रेरित करनेवाली सरकार सैकुलर होती है।"

मैं समझ गया कि रामलुभाया कम्यूनल बातें कर रहा है। उसका क्या है, वह तो सबको एक जैसी सुविधाएँ देकर देश के टुकड़े कर डालेगा। पर नये प्रधानमन्त्री का वक्तव्य भी तो भेदभाव न करने की बात कह रहा है। भला भेदभाव किये बिना कोई सैकुलर कैसे हो सकता है? भारत में तो नहीं हो सकता। तो क्या हमारी सरकार अब सैकुलर नहीं रहेगी? यह नया प्रधानमन्त्री तो सचमुच आत्महत्या ही कर रहा है।

मैं अपना सिर पकड़कर बैठ गया।

डकैती

इधर गाड़ी दिल्ली जंक्शन से खुली और उधर संडास के दरवाजे भी खुल गये। चाकुओं से लैस चार लड़के संडास से निकलकर डब्बे में आ गये।

रामलुभाया अपना बिस्तर बिछा रहा था। उसका ध्यान उस ओर नहीं था। पर उन लड़कों को यह बात अच्छी नहीं लगी। उनके इतने भयंकर नाटकीय प्रवेश की रामलुभाया उपेक्षा कर रहा था।

एक लड़के ने आकर अपना चाकू रामलुभाया की पीठ से लगा दिया, "ए बुड्ढ़े! इधर देख।"

"मुझे रात को कम दिखायी देता है।" रामलुभाया बोला, "सुबह देख लूँगा।"

"इधर देख।" लड़के ने चाकू गड़ाया।

रामलुभाया ने मुड़कर देखा और डर गया, "यह क्या है भाई! मैं तो सोने जा रहा हूँ। मैं तुमसे लड़ना नहीं चाहता। न मेरी तुमसे कोई शत्रुता है, न मैंने तुम्हें ललकारा है। तुम मुझे डरा क्यों रहे हो?"

"माल निकाल।" लड़का बोला, "सोने की जल्दी है तो ऐसा सुलाऊँगा कि फिर कभी उठ भी नहीं पायेगा। माल निकाल।"

"माल कहीं भागा तो नहीं जाता।" रामलुभाया ने कहा, "इतनी जल्दी क्या है तुम्हें? अभी तो गाड़ी चली ही है। एक-आध नींद ले लेने दो। कुछ स्टेशन पार हो जाने दो। रात को कुछ गहरा लेने दो। कुछ तो परिवेश बनने दो चोरी का..."

"यह चोरी नहीं डकैती है।" लड़के ने उसे डाँट दिया।

"डकैती ही सही। पर उसका कुछ परिवेश तो बनने दो। डाकू चलती गाड़ी में कूदकर चढ़े और माल लूटकर ले जायें तो माल देने का कुछ मजा भी है।" रामलुभाया ने कहा, "इस प्रकार गाड़ी चलते ही, संडास से निकलकर बिस्तर लगाते लोगों को लूटना कहाँ की भलमनसाहत है। लगता ही नहीं कि डाकू हो। संडास और डाकू...छि।"

"पुराने डाकुओं और हममें जेनेरेशन गैप है।" लड़के ने कहा, "अब चुपचाप

माल निकाल दो नहीं तो मैं तुम्हारी आँतें निकाल दूँगा।"

"पर तुम्हें इतनी जल्दी क्या है।" रामलुभाया झल्लाया, "मुझे बिस्तर बिछाकर लेट जाने दो। मुझे नींद आ रही है। सोते समय पर्स निकालकर सिरहाने के नीचे रखूँगा ही, निकाल लेना जितने पैसे चाहिए। मेरी पत्नी भी तो वही करती है। सारे पैसे निकाल लेती है और मुझे पता ही नहीं चलता। व्यर्थ ही दंगा क्यों करते हो?"

"मुझे तुम्हारी पत्नी बनने का शौक नहीं है।" लड़का बोला, "और मुझे जल्दी भी है। मुझे उतरना है।"

"यहाँ कहाँ उतरोगे?" रामलुभाया ने कहा, "गाड़ी तो अब गाजियाबाद ही रुकेगी।"

"गाड़ी तो तुम रोकोगे।" वह बोला, "मेरे उतरने के लिए।"

"मैं क्यों रोकूँगा?"

"अरे लुट जाओगे तो क्या चेन भी नहीं खींचोगे?" लड़का हँसा, "तुम चेन खींचना, मैं उतर जाऊँगा।"

"यह तो यमुना का पुल है।" रामलुभाया बोला, "यहाँ उतरोगे तो यमुना में डूब जाओगे।"

"यमुना का पुल है तो और भी अच्छा है।" लड़का बोला, "तुम्हें धकेल दूँगा तो डकैती की रपट लिखानेवाला कोई नहीं होगा।"

"पर तुम्हें इतनी जल्दी क्या है?" रामलुभाया लगभग रोते हुए बोला।

"जल्दी है क्योंकि मुझे आज पैसा चाहिए। तत्काल धनी बनना है मुझे। अपने बाप के समान सत्तर बरस का होकर पैसा मिला तो क्या मिला।"

"नहीं! मैं तुम्हारे धनी होने की जल्दी की बात नहीं कर रहा।" रामलुभाया बोला, "मैं तो तुम्हारी उतरने की जल्दी का कारण पूछ रहा हूँ।"

"बता दूँगा तो तुम अपना माल मुझे दे दोगे?" लड़के ने पूछा।

"कारण तर्कसंगत लगा तो दे दूँगा।"

"वस्तुतः हम सबकी जल्दी के अलग-अलग कारण हैं।" लड़के ने बताया, "हममें से एक के पिता की ड्यूटी शाहदरा तक ही है। वह हमें शाहदरा तक ही बचा सकता है। दूसरे के पिता को शाहदरे से गाड़ी में चढ़ना है, इसलिए उसे वहाँ उतर ही जाना है। उसका बाप बड़ा जालिम है, देख लेगा तो बचाने के स्थान पर हमें जेल भेज देगा, अथवा उसकी चमड़ी उधेड़ देगा। और मेरी जल्दी का कारण तो मेरी नींद है। मैं बारह बजे के बाद तो जाग ही नहीं सकता। ग्यारह बजे तो यह गाड़ी चलती ही है। मेरे पास समय ही कितना है। कुल मिलाकर एक घंटे का ही तो। अब यह कोई रेलवे का न्याय है। इतना कम समय देते

हैं ये लोग कि हम लोगों के सोने की प्रतीक्षा भी नहीं कर सकते।"

"मैं रेलवेवालों से प्रार्थना करूँगा कि वे लोग कोई भी गाड़ी दस बजे के बाद न चलायें, ताकि डकैती कर्मियों की नींद खराब न हो।" रामलुभाया ने कहा, "तुम लोग भी अपनी यूनियन के माध्यम से सरकार पर दबाव डालना। न हो तो पुराने डाकुओं, जो अब सांसद हो चुके हैं, से कुछ सहायता ले लेना।"

"गुड आइडिया।" लड़का बोला, "अच्छा अब निकालो अपना माल, नहीं तो चाकू भोंक दूँगा।" उसका स्वर कुछ नम्र हुआ, "वैसे तुम अच्छे आदमी हो। तुमसे तो हम बहुत कुछ सीख सकते हैं। तुमको चाकू मारना मुझे अच्छा नहीं लगेगा।"

"चाकू खाना मुझे भी पसन्द नहीं है। पर मैं कायर कहलाना भी नहीं चाहता, इसलिए तुम मेरी जेब से मेरा बटुआ निकाल लो।" रामलुभाया ने उसे मार्ग दिखाया।

"नहीं! मैं न तो जेब कतरा हूँ न उठाईगीरा। हमारी भी कोई इज्जत होती है। माल तो तुम्हें अपने हाथ से ही देना पड़ेगा।"

"अच्छा जेब से मत निकालो, पर जमीन पर गिरा हुआ तो उठा लोगे। मैं बटुआ भूमि पर गिरा देता हूँ।"

"यह मानकर उठा लूँगा कि तुमने भयभीत होकर बटुआ गिरा दिया है। असावधानी में गिरे बटुए को नहीं उठाऊँगा।" वह बोला, "चलो जल्दी करो। शाहदरा पास आ रहा है।"

गोरखधन्धा

रामलुभाया ने अपने फार्म हाउस के द्वार पर ही मेरा स्वागत किया और अपने जैनरेल मैनेजर को सौंप दिया, "शर्माजी! इनकी देखभाल करना आपकी ड्यूटी है। ध्यान रहे कि इन्हें हमारी पार्टी में आने का अफसोस न हो।"

शर्माजी ने मुझे हाथों हाथ ही नहीं लिया। अपनी पलकों पर बैठाकर भीतर लाये। उन्होंने बैरे को बुलाया और उसकी ट्रे में से अपने हाथों से उठाकर ह्विस्की का गिलास मेरी ओर बढ़ाया।

"मैं शराब नहीं पीता।" मैंने कहा।

मैंने स्पष्ट देखा कि शर्माजी की आँखों में मेरा सम्मान छह इंच नीचे गिर गया। बोले, "यह शराब नहीं, ह्विस्की है।"

"जानता हूँ।" मैंने कहा, "मेरे लिए यह भी शराब ही है।"

उनकी आँखों में मेरा सम्मान तीन इंच और नीचे आ गया।

"तो आप क्या लेंगे—लस्सी अथवा जल?"

मैं जानता था कि वे मुझसे पूछ नहीं रहे थे, मुझ पर लानत भेज रहे थे।

"मैं कॉफी का एक प्याला ले लूँगा।"

"तो आप कॉफी पी लेते हैं।" मेरा सम्मान डेढ़ इंच के लगभग ऊपर उठा।

"हाँ। रामलुभाया और मैं लड़कपन से ही कॉफी के शौकीन हैं।"

मेरा लड़खड़ाता हुआ सम्मान कुछ सँभल गया था। कॉफी के कारण नहीं, रामलुभाया के कारण। मैं शर्माजी के मालिक को उसके नाम से पुकार रहा था और उससे अपनी मैत्री की चर्चा कर रहा था। उन्होंने बैरे को फिर पुकारा और कहा, "साहब के लिए एक कॉफी लाओ।"

"आपका धन्धा क्या है?" उन्होंने पूछा।

"गोरखधन्धा।"

वे मेरी ओर तकते रह गये। स्पष्टतः उन्हें मेरी बात समझ नहीं आयी थी। इस प्रकार का कोई धन्धा उनकी सूची में तो रहा नहीं होगा।

"मैंने आपसे आपके पेशे के विषय में पूछा था।" उन्होंने अपनी बात कुछ स्पष्ट की।

"पुरुष पेशा नहीं करते।" मैंने कहा।

स्पष्टतः वे पेशा करने का अर्थ नहीं जानते थे। मैं ऐसी भाषा बोल रहा था, जो उनकी समझ में नहीं आ रही थी। इसलिए मेरा सम्मान फिर से लड़खड़ाकर कुछ नीचे आ गया था, सनसेक्स के समान।

"किस चीज का व्यापार है आपका?" उन्होंने अपनी बात को और भी स्पष्ट किया।

"मैं व्यापारी नहीं हूँ।" मैं समझ रहा था कि मैंने न केवल अपने पैरों पर स्वयं ही कुल्हाड़ी मार ली थी, वरन् मुम्बई की भाषा में अपनी इज्जत का कचरा कर लिया था, "एक कॉलेज में पढ़ाता हूँ।"

मेरा सम्मान सीधे-सीधे एक फुट नीचे आ गया था। मैं स्पष्ट देख रहा था कि यदि उन्हें रामलुभाया का ध्यान न होता तो वे मेरे हाथों से कॉफी का प्याला भी छीन लेते।

"कॉलेज में पढ़ाते हैं?"

"हाँ! थोड़ा-बहुत लिखता भी हूँ।" मैंने निरन्तर नीचे गिरते अपने सम्मान को सँभालने का प्रयत्न किया।

मेरे इस वाक्य का प्रभाव हुआ।

"टी.वी. के सीरियल लिखते हैं क्या?" उन्होंने पूछा।

अब मेरा सम्मान मेरे हाँ कहने पर टँगा था।

अपना सम्मान बचाने के लिए भी मैं झूठ नहीं बोल पाया। बोला, "नहीं। सीरियल नहीं लिखता। मैं तो उपन्यास लिखता हूँ।"

"कोई पुरस्कार मिला है?" वे जैसे मेरी योग्यता की परीक्षा ले रहे थे।

"हाँ! कुछ छोटे-मोटे मिले तो हैं।" मैंने शालीनता से कहा, "पर चर्चा योग्य कोई पुरस्कार अभी नहीं मिला है।"

मेरा सम्मान एकदम धरती पर आ गिरा ही नहीं था, गिरकर खंड-खंड भी हो गया था। शर्माजी को मेरे पास खड़े होना भी भारी हो रहा था।

"आप किस पेपर में ज्यादा लिखते हैं? टाइम्स आफ इंडिया में अथवा स्टेट्समैन में?"

"जी मैं तो हिन्दी में लिखता हूँ।"

मेरा सम्मान तो अब धरती से भी नीचे धँस चला था। इस बार उसके उबरने की कोई सम्भावना नहीं थी। मैंने अपने सम्मान को इस धरातल पर भी टिकाये रखने के लिए उनको अगला प्रश्न नहीं पूछने दिया। स्वयं ही पूछ

लिया, "आप क्या करते हैं शर्माजी।"

"मैं सेठ रामलुभाया के सीनियर मैनेजर्स में से एक हूँ। मैं उनके ब्रूइयरी डिविजन का जैनरेल मैनेजर हूँ।"

"तो आप शराब बनाते हैं?"

उसको शराब बनाने पर तनिक भी लज्जा नहीं आयी। बोला, "बनाता भी हूँ और बेचता भी हूँ। मैं प्रोडक्शन और सेल्स—दोनों देखता हूँ।"

"तो आप लोगों को शराब पिलाकर अपनी रोटी कमाते हैं?" मैंने कुछ घृणा से पूछा।

"हम तो प्रोफेशनल हैं साहब।" वह गर्व से हँसा, "शराब तो शराब, हम तो लोगों को भूसा खिलाकर भी रोटी कमा सकते हैं।"

मैं इस गोरखधन्धे को तनिक भी नहीं समझ सका। मैं देश की अगली पीढ़ी को ज्ञान दे रहा था और फिर भी मेरी इज्जत का कचरा हो रहा था; और वह लोगों को शराब पिलाकर भी समाज का सम्मानित सदस्य था और अभी उन्हें भूसा खिलाने का हौसला रखता था।

जाति

वह मेरा सहपाठी था। हम दोनों ही होस्टल में नये-नये आये थे, इसलिए कुछ संग-साथ हो गया थ। मुझे अपने साथ ले जाकर उसने एक महँगी दुकान से एक सूट के लिए बढ़िया ऊनी कपड़ा खरीदा। कनाटप्लेस के एक महँगे दर्जी से सूट सिलवाया। मुझे उसका वह सारा काम बहुत खर्चीला लगा। मैंने उसे टोका, पर उसने चिन्ता नहीं की। बोला, "क्लास में इतनी लड़कियाँ हैं। अच्छे कपड़े नहीं पहनूँगा, तो वे मेरी ओर आकृष्ट कैसे होंगी।"

"पर खर्च का भी तो कुछ विचार करो।" मैंने कहा।

"बहुत जमीनें हैं, मेरे बाप के पास। थोड़ी-सी जमीन बेचकर ट्रक भी खरीदे हैं। अब मेरा बापू ठेकेदार भी है। मेरे इतने से खर्च से क्या होगा।"

मैं चुप रह गया। मान लिया कि वह मुझसे भिन्न वर्ग और भिन्न मानसिकता का लड़का है। खाते-पीते घर का है। घर से पैसे मँगवाता है और यहाँ उड़ाता है। पढ़ाई से अधिक ध्यान लड़कियों को आकृष्ट करने में है। घरवालों के पास देने को है, वे देते हैं। तो फिर मैं वह क्यों कर रहा हूँ, जिसे अंग्रेजी में फ्री कंसल्टेंसी और हिन्दी में टाँग अड़ाना कहते हैं।

पर उस दिन देखा तो वह प्रिंसिपल के कमरे के बाहर लगी एक लम्बी पंक्ति में खड़ा था। पूछा, "क्या हो रहा है यहाँ?"

बोला, "फीस माफ करवाने के लिए इंटरव्यू देना है।"

मैं हक्का-बक्का खड़ा-का-खड़ा रह गया। एक दृष्टि उस पर डाली। आज उसकी धज बदली हुई थी। साधारण कुर्ता पायजामा पहन रखा था। उस पर कुर्ता कुछ फटा हुआ भी था। चप्पल तो निश्चित रूप से टूटी हुई थी, सम्भवतः होस्टल के किसी कर्मचारी से माँगी हुई थी।

सबके बीच उससे कुछ कहना-सुनना उचित नहीं समझा। वैसे भी कक्षा का समय हो रहा था। बस इतना ही पूछा, "कक्षा में आ रहे हो?"

"नहीं! आज तो यही काम करवाना है।" वह मुस्करा रहा था।

मैं चला आया। बाद में पता चला कि उसकी फीस तो माफ हो ही गयी थी। उसे पुस्तकों और कपड़ों के लिए भी कॉलेज से कुछ पैसे मिले थे : निर्धन

छात्र कल्याण कोश से।

सन्ध्या समय वह बहुत प्रसन्न था। उसने कई मित्रों को कैंटीन में बढ़िया चाय पिलायी। अब मुझे पूछना ही पड़ा कि यह चमत्कार कैसे हो गया? उसकी फीस माफ होने का कोई कारण तो था नहीं।

वह हँसा, "मेरे बाप के पास थोड़ी-सी जमीन थी। उसे बेचकर उसने एक ट्रक खरीदा था ताकि परिवार को रोटी तो खिला सके। वह ट्रक चोरी हो गया। अब वह किसी ठेकेदार का ट्रक चलाता है। एक निर्धन ट्रक ड्राइवर के बेटे की फीस भी माफ नहीं होगी क्या?"

"यह सब झूठ तो तुम वहाँ बोल आये, पर सत्य क्या है?" मैंने पूछा, "तुम्हारा बाप है क्या?"

"बाप वह होता है, जो पालनपोषण करे।" वह बोला।

"वह तो ठीक है, पर तुम्हारे पिताजी करते क्या हैं।"

"वही करते हैं, जिससे मेरी फीस माफ हो जाये।"

"और वह कपड़ों और पुस्तकों के लिए पैसे?"

"पिछड़ी जाति का जो ठहरा। तो यह सब तो मिलना ही था।"

"पर उस दिन दर्जी की दुकान पर तो तुमने कहा था कि तुम गाँव में सबसे ऊँची जाति के हो।"

"हाँ! कहा तो था।" वह निर्लज्जता से मुस्कराया, "झूठ तो नहीं कहा था। हमारे गाँव में जाकर किसी से भी पूछ लो।"

मैं चुप रह गया। मन में प्रश्न तो कई थे; किन्तु पूछ नहीं पाया। जिह्वा पर आया प्रश्न वहीं जमा रह गया।

कुछ दिन वह कक्षा में भी दिखायी नहीं दिया। जिस दिन दिखायी दिया, उस दिन वह अपने सूट में नहीं था।

साधरण बुशर्ट और पतलून में भी नहीं था। उसने कुर्ता और लाँगवाली धोती धारण कर रखी थी। उस बहरूपिये को आज जाने क्या सूझा था। आज मुझसे रुका नहीं गया। मन में जमा प्रश्न जिह्वा पर आ ही गया।

"तुम्हारी जाति है कौन-सी?"

"वही। लाभ की जाति।" वह परम प्रसन्न था।

क्या खोना, क्या पाना

रामलुभाया बहुत ही उत्तेजित था। उसके हाव-भाव देखकर मैं सोच रहा था कि उसके मन पर प्रसन्नता का कितना बड़ा बोझ था। कहीं इस तनाव से उसको कोई हानि ही न हो जाये। उसका तनाव कुछ कम करने के लिए मैंने पूछा, "क्या बात है रामलुभाया! इतने प्रसन्न किस बात से हो?"

"हाँ! मैं इतना प्रसन्न हूँ कि सोचता हूँ कि कहीं खुशी से मर ही न जाऊँ।"

"ऐसी खुशी से बचो रामलुभाया!" मैंने कहा, "पर तुम इतने प्रसन्न हो क्यों? बात क्या है?"

"पाकिस्तान ने कश्मीर पर आक्रमण कर दिया है।" उसकी आँखें पागलों के समान नाच रही थीं।

"तो इसमें प्रसन्नता की क्या बात है?" मैंने पूछा, "अपने देश पर आक्रमण हुआ है। यह गम्भीर चिन्ता की बात है, नाचने का कोई अवसर नहीं है यह।"

"ठीक कहते हो। पर साधारण आदमी का सच है यह। हमारे लिए तो यह उत्सव का समय है।"

मैं सँभला। मैंने पहले रामलुभाया का यह रूप कभी नहीं देखा था। कदाचित् वह हमारे वीर क्षत्रियों की परम्परा में मानता था कि बिना युद्ध के वीरता प्रदर्शित करने का अवसर ही कहाँ मिलता है। सफलता से पहले परीक्षा तो देनी ही पड़ती है। तो वह उस परीक्षा का अवसर मिलने के कारण प्रसन्न था। उसमें देश का गौरव जागा था। देश का शौर्य जागा था। फिर भी उससे पूछ लेना उचित समझा।

"क्यों उत्सव का अवसर क्यों है?" मैंने पूछा, "युद्ध में कुछ योद्धा भी मरते हैं और कुछ साधारण लोग भी। वह धन जो विकास पर व्यय होना चाहिए, वह युद्ध को भट्टी में झोंकना पड़ता है। इसमें प्रसन्नता का क्या कारण हो सकता है?"

"और कुछ नहीं होता, बस कुछ लोग मरते हैं और कुछ धन व्यय होता है?" उसने मेरी ओर वक्र दृष्टि से देखा।

"होता क्यों नहीं?" मैंने कहा, "देश जीत जाये तो देश का गौरव भी बढ़ता है।"

"हार जाये तो?" वह नशे में धुत्त लग रहा था।

"हारने में क्या प्रसन्नता है?" मैंने पूछा।

"यदि हम यह युद्ध हार जायेंगे तो भारतीय जनता पार्टी बदनाम होगी। लोग उन्हें वोट नहीं देंगे।" वह अत्यधिक प्रसन्न था।

"युद्ध तो इससे पहले भी हुए हैं रामलुभाया!" मैंने कहा, "किन्तु आज तक इस प्रकार किसी ने भी नहीं सोचा।"

"इससे पहले हमारी आयातित बुद्धिवाली अध्यक्षा भी तो नहीं थी; और तब हमारी पार्टी की सरकार थी। फिर ऐसा सोचनेवाला और था कौन।" वह बोला।

मैं कुछ देर बैठा उसकी बुद्धि का शोक मनाता रहा। फिर बोला, "तुम अपनी आयातित बुद्धिवाली अध्यक्षा को छोड़ो और अपनी देशी बुद्धि से सोचो कि जब अपनी सीमाओं पर कोई देश हारता है तो उसका अर्थ क्या होता है।"

"क्या होता है?" उसने उजबक के समान मेरी ओर देखा, "सरकार हारती है। जिस पार्टी की सरकार होती है, वह हारती है।"

"मूर्ख हो तुम।" मैंने उसे डाँटा, "देश किसी पार्टी का नहीं होता, सेना किसी पार्टी की नहीं होती। सेना देश की हारती है और युद्ध में जो हारता या जीतता है, वह भी देश ही होता है।"

"तो फिर हमारी पार्टी यह क्यों कह रही है कि हारेगी तो सेना हारेगी और सेना तो सरकार की है। सरकार भारतीय जनता पार्टी की है। इस प्रकार अन्ततः भारतीय जनता पार्टी ही हारेगी।" वह बोला, "हम भारतीय जनता पार्टी को हरा रहे हैं।"

"यह पट्टी तुमको तुम्हारी अध्यक्षा ने पढ़ाई है?"

"यह हमारी दूरगामी नीति है।" वह गर्व से बोला, "यही तो लुप्त हो गयी थी। अब हमारी नयी माननीय अध्यक्षा ने हमें फिर से जगा दिया है।"

"यह जगाना है या अफीम खिलाकर सुलाना।" मैंने चकित होकर पूछा, "तुम लोग अपनी बुद्धि से कुछ भी क्यों नहीं सोचते?"

"हम अपनी बुद्धि से भी सोचते हैं।" वह अकड़कर बोला, "हम सोचते हैं कि हमें सत्ता किस प्रकार मिलेगी। उसके लिए उन्होंने हमें यही सूत्र दिया है। पंडित नेहरू ने भी तो पाकिस्तान देकर सत्ता पायी थी। हम भी यदि कश्मीर देकर सत्ता पा लेते हैं तो क्या बुरा रहेगा।"

"अच्छा-बुरा तो अपनी बुद्धि से ही सोचना होगा रामलुभाया।" मैंने कहा, "कुछ लोग अपने प्राण देकर देश को पाते हैं और कुछ लोग देश देकर अपने लिए कुछ सुविधाएँ पाते हैं। तुम्हारी बुद्धि क्या कहती है, वह सोचो। तुम्हारी पार्टी क्या कहती है, वह मैं जानता हूँ।"

मान्यता

"पढ़ा तुमने?" रामलुभाया ने हर्ष के अतिरेक में सारी मर्यादा को एक ओर रख दिया और समाचारपत्र मेरे सामने पटककर, उछलकर मेज पर जा बैठा।

"अरे! अरे!! यह बन्दरों के समान क्या कर रहे हो?" मैंने उसे रोका, "यह हमारा कार्यालय है, तुम्हारा घर नहीं।"

"भाड़ में गया कार्यालय।" वह पूर्णतः निर्भय था, "पहले समाचार तो देखो। अब हमसे हमारा पंजाब कोई नहीं छीन सकता। उसे मान्यता मिल गयी है।"

"पहले तुम नीचे उतरो।" मैंने कहा, "मैंने अभी तुम्हारे इस प्रकार मेज पर बैठने के अधिकार को मान्यता नहीं दी है।"

"पंजाब..." उसने कुछ कहना चाहा।

"पंजाब तो क्या, यहाँ तुमसे कोई तुम्हारी झुग्गी भी नहीं छीन सकता। तुम हमसे अपने कार्यातय में अनुशासन बनाये रखने का अधिकार कैसे छीन रहे हो।"

"मैं जानता था कि तुमने यह समाचार नहीं पढ़ा होगा।" वह मेरे अज्ञान पर प्रसन्न था, "अमरीका ने कह दिया है कि पंजाब भारत का अविभाज्य अंग है।"

"क्या अमरीका ने मान लिया है कि दिल्ली भारत की राजधानी है?" मैंने उससे कुछ रोष में पूछा, "क्या अमरीका ने मान लिया है कि तुम अपनी पत्नी के पति हो?"

"पागल हो गये हो क्या? इन चीजों के लिए अमरीका की मान्यता क्यों आवश्यक है?" उसने आश्चर्य से पूछा।

"तो पंजाब के भारत का अंग होने के लिए अमरीका की मान्यता क्यों आवश्यक है?" मैंने पूछा।

"आवश्यक है।" वह बोला, "तुम अभी राजनीति के विषय में कुछ भी नहीं जानते। अमरीका विश्वशक्ति है। वह नहीं मानेगा तो देश का कोई भाग तुम्हारे पास नहीं रहेगा। वह माने तो इजराइल है। वह न माने तो नहीं है।

वह माने तो कुएत है। न माने तो वह इराक है।"

उसके आत्मविश्वास को देखकर मैं डर गया। सोचा कल कार्यालय से छुट्टी लेकर प्रातः ही अमरीकी दूतावास जाऊँगा और उनसे प्रार्थना करूँगा कि वे इस तथ्य को मान्यता दें कि मेरा नाम नरेन्द्र कोहली है।

मुझे चुप देखकर रामलुभाया और भी शेर हो गया। बोला, "तुम नहीं जानते गुरु! अब तो स्थिति यह है कि तुम्हारे आँगन में जो नीम का पेड़ है न। तुम उसकी एक टहनी तोड़कर दातुन भी नहीं कर सकते।"

"क्यों?" मैंने कुछ बल एकत्रित कर कहा, "मेरा घर है। मेरा आँगन है। उस आँगन में नीम का पेड़ है। वह मेरा पेड़ है। उस पर तो दिल्ली नगर निगम का भी कोई अधिकार नहीं है, तो अमरीका बीच में कहाँ से आ गया।"

"नीम की टहनी तोड़कर तो देखो। फिर पता चलेगा कि अमरीका बीच में कहाँ से आ गया।" उसने मुझे चुनौती दी, "काँव-काँव मच जायेगी सारी दुनिया में।"

"तो मच जाये। दातुन तो मेरी है। मैं उसे तोड़ूँगा ही।"

"अमरीका में मुकदमा चलेगा तुम पर। वहाँ तक घिसटते रहना पड़ेगा।"

मैं प्रसन्न हो गया, "अच्छा है। इसी बहाने अमरीका घूमना हो जायेगा। वैसे तो सुना है, अमरीका जाने का वीजा मिलता नहीं। आने-जाने का खर्च तुम दोगे कि तुम्हारी सरकार?"

"तुम हँसी-ठट्ठा समझ रहे हो।" वह रुष्ट हो गया, "मैं ठीक से समझा रहा हूँ और तुम समझ नहीं रहे हो। अमरीका में ऐसा कानून बन चुका है।"

"पर मेरा पेड़ तो भारत में है।" मैंने कहा, "उस पर अमरीकी कानून कैसे लागू हो सकता है?"

"भारत पृथ्वी पर तो है। और पृथ्वी पर आज कल अमरीका का राज है।" रामलुभाया ऐसे अकड़कर बोला, जैसे दुनिया पर राज अमरीका का नहीं, रामलुभाया के बाप का हो।

मैं ऊपर से चाहे कितना भी निर्भीक बना रहा; किन्तु मन ही मन डर गया था। उसी दिन निश्चय किया कि अब नीम की दातुन नहीं करूँगा। मुझे ही इतना भारतीय होने की क्या मजबूरी है। मैं भी औरों के समान अपने दाँतों को कूची से ही साफ कर लिया करूँगा। दफ्तर से घर जाते समय मैंने एक अमरीकी कम्पनी का बनाया हुआ मंजन भी खरीद लिया।

अगले दिन मुझे मंजन करते देख मेरी पत्नी चौंकी।

"आज दातुन नहीं करोगे?" उसने पूछा।

"नीम का पेड़ तो अमरीका का हो चुका।" मैंने उसे बताया, "दातुन यहाँ

तोड़ूँगा और मुकदमा अमरीका में चलेगा।"

वह हँसी, "तुम दातुन तो तोड़ो। मुकदमा मैं लड़ लूँगी।"

उसके कहने पर मैं पेड़ पर चढ़ गया। टहनी को हाथ लगाया तो सचमुच ही चारों ओर काँव-काँव मच गयी। मैंने निरीह दृष्टि से अपनी पत्नी की ओर देखा। उसने संकेत किया—तोड़ लो।

मैंने टहनी तोड़ ली। काँव-काँव होती रही। मैं नीचे उतरा और दातुन को मुँह में डालने से डरता रहा। तोड़ने पर काँव-काँव मची थी। दाँत साफ करने पर कहीं सचमुच ही मुकदमा न चल पड़े।

"दातुन करो।" पत्नी ने सैनिक अधिकारी के समान आदेश दिया।

"तुमने देखा न कि टहनी तोड़ने पर काँव-काँव मची। रामलुभाया झूठ नहीं बोल रहा था।"

"कौवे थे। तुम उनके घोंसले के पास पहुँचे तो वे डरकर चिल्ला रहे थे। तुम्हें डरने की क्या आवश्यकता है?"

"यह तो कौवे थे। पर अमरीका तो कौवा नहीं है। वह मुकदमा चलायेगा।"

"तुम उसका ऐसा अधिकार मानते हो?"

"मैं नहीं मानता, पर हमारी सरकार मान गयी तो?"

"गरीब की जोरू, सबकी भाभी।" वह बोली, "डरोगे तो सब रौब जमायेंगे। सरकार क्या और अमरीका क्या।" उसने मुझे बल दिया, "अपने अधिकारों पर डटे रहो। तुम अमरीका के ऐसे अधिकारों को मान्यता ही क्यों देते हो?"

"मैं कहाँ देता हूँ। वह तो रामलुभाया देता है।" मैंने अपनी सफाई दी।

"रामलुभाया को कहना कि हमारे देश के करोड़ों लोग अमरीका जाने की प्रतीक्षा में हैं। कुछ पैसे के अभाव में रुके हुए हैं और कुछ वीजा के। महात्मा गाँधी ने नमक बनाकर अंग्रेजों को चुनौती दी थी, हम नीम की दातुन करके अमरीका को चुनौती दे रहे हैं। सब लोग नीम की दातुन करेंगे। रामलुभाया उन सबके अमरीका जाने का प्रबन्ध करे।"

मैं जानता था कि अमरीका के भय से जैसे मुझे कल नींद नहीं आ रही थी, यदि रामलुभाया ने मेरी पत्नी की धमकी सुन ली तो उसे आजीवन नींद नहीं आयेगी।

पाखंड

रामलुभाया वर्षों बाद अपने देश लौटा था। अब उसका व्यक्तित्व पहले जैसा नहीं था। वृद्ध हो गया था, पर वृद्धावस्था को स्वीकार नहीं कर रहा था। उससे लड़ रहा था। सिर के बाल झड़ चुके थे, पर उसने बचे हुए बालों को ऐसे फैला रखा था, जैसे कोई लज्जाशील नारी एक छोटे से वस्त्र को खींचकर अपना सारा शरीर ढँकने का प्रयत्न कर रही हो, और परिणामस्वरूप शरीर का कोई भी अंग ढँका न जा रहा हो। रामलुभाया ने अपने अवशिष्ट बालों को रँगने का पूरा प्रयत्न किया था। फल यह हुआ था कि वे उसके बाल कम भुट्टे के रेशे अधिक दिखायी दे रहे थे।

"वहाँ लोग स्टाइल से रहते हैं। यहाँ के समान फटीचर बने रहना नहीं चाहते।" उसने गर्व से बताया।

मैं चकित था कि कोई व्यक्ति अपने देश को अपमानित कर इस प्रकार प्रसन्न कैसे रह सकता है।

"कोई बूढ़ा होना नहीं चाहता। कोई मरना नहीं चाहता। वे लोग जीवन से भरपूर प्रेम करते हैं।" वह जैसे स्वर्ग से उतरकर आया था।

मेरे मन में दया उपजी : बेचारे जीवन का सत्य नहीं जानते। कैसा प्यार है जीवन से, जो उसका स्वरूप ही नहीं पहचानते।

"पर बुढ़ापा तो जीवन का सत्य है। जीवन से प्यार करनेवाला व्यक्ति उसकी ओर से आँखें कैसे मूँद सकता है।" मैंने कहा।

"मनुष्य निर्मित उपकरणों का प्रयोग कर।" उसने मेरे सामने बैठे-बैठे ही अपने मुँह से अपने नकली दाँत निकाल लिये।

मैंने देखा, उसका चेहरा कैसा वीभत्स-सा हो आया था। पर वह उसे जीवन का सत्य नहीं मानता था। वह स्वयं को धोखा दे रहा था और उसे जीवन के प्रति अपना प्रेम समझ रहा था।

"चौथापन आ गया है रामलुभाया!" मैंने कहा, "कुछ राम का नाम भी जपते हो या अभी रँगे सियार ही बने रहना चाहते हो?"

उसके चेहरे पर कुछ रोष झलका, "मुझे तुम लोगों का यह पाखंड तनिक

भी पसन्द नहीं है। मन्दिर में बैठकर घंटों छेने-खड़ताल बजाते रहते हो। समय नष्ट करते हो, और स्वयं को बहुत बुद्धिमान समझते हो। महीने-भर में दस रुपये भी नहीं कमा सकते तुम लोग मन्दिर के घंटे बजाकर।"

"तुम छेने-खड़ताल नहीं बजाते?"

"नहीं!" वह बोला, "मैं पाखंड से घृणा करता हूँ।"

मैं उस साक्षात पाखंड को देख रहा था, जो पाखंड से घृणा करता था।

"अच्छा यहाँ कैसे आना हुआ?" मैंने पूछा, "निश्चय ही तुम मुझसे मिलने तो आये नहीं हो। पुराने मित्रों से महीनों भी मिलो तो दस रुपये नहीं कमाये जा सकते।"

"मैं तुम्हारे बैंक में प्रवासी भारतीयवाला खाता खोलना चाहता हूँ। सुना है, तुम्हारी सरकार अच्छा ब्याज दे रही है।" वह बोला।

"तो तुम अपने मित्र से मिलने नहीं आये, बैंक मैनेजर के पास आये हो।" मैं हँसा।

"मेरे आने से तुम्हें कोई तकलीफ हुई है तो मैं किसी और बैंक में चला जाता हूँ।" उसने मुझे धमकी दी, "पैसा किसी को बुरा नहीं लगता।"

मुझे स्मरण हो आया कि मैं भारतमाता का पुत्र होने के साथ इस बैंक की नौकरी भी कर रहा हूँ और बैंक का हित इसमें है कि कहीं से भी हो पैसा बटोरा जाये। जिस विदेशी धन के लोभ में देश के कर्णधार देश का सत्यानाश कर रहे थे, वह मेरे द्वार पर आया खड़ा था। मैं उसका तिरस्कार कैसे कर सकता था। रामलुभाया चाहे मेरे देश का अपमान ही क्यों न कर रहा हो।

मैंने शुद्ध रूप से बैंक मैनेजर की मुद्रा अपनायी। एक फार्म निकाला और पूछा, "अपना पासपोर्ट लाये हैं?"

"नहीं! पासपोर्ट तो घर में ही छूट गया। उसकी क्या आवश्यकता है?"

"नईं डैड! पासपोर्ट तो मेरे पास हैं।" रामलुभाया का बेटा पहली बार बोला।

रामलुभाया की दृष्टि में उसके लिए तनिक भी प्रशंसा नहीं थी। स्पष्टतः रामलुभाया पासपोर्ट दिखाना नहीं चाहता था, किन्तु उसका पुत्र यह नहीं जानता था। दोनों ने यहाँ आने से पहले अपनी नीति अच्छी तरह तय नहीं की थी।

रामलुभाया एक बेहद खोखली और नकली हँसी हँसा, "मैंने समझा कि हम पासपोर्ट घर छोड़कर आये हैं, पर वे तो इसके पास हैं।"

बेटा अब भी अपने पिता के वक्तव्य का विरोध करना चाह रहा था, किन्तु वह बाप की इच्छा भी समझ रहा था। वह अपने होंठ भींचे बैठा रहा।

मैंने पासपोर्ट जाँचे। उसमें छिपाने को कुछ भी नहीं था। जाने रामलुभाया

यह नाटक क्यों कर रहा था।

"कितनी राशि है?" मैंने उसके नाम का कॉलम भरने के पश्चात् पूछा।

"दस लाख।"

"दस लाख डॉलर?"

"नहीं! दस लाख रुपये।"

"तुम्हारे पास इतने रुपये कहाँ से आये? डॉलरों को रुपये में कैसे बदल लिया?" मैं चकित होकर बोला।

"डॉलर नहीं बदले।" उसने मुझे डाँट दिया, "मेरे पास रुपये ही हैं।"

"कहाँ से आये रुपये?" मेरा तेज जाग उठा, "तुम फेरा के अन्तर्गत धरे जा सकते हो।"

इस बार वह मेरी बात तत्काल समझ गया। उसने न मेरा विरोध किया, न मेरा उपहास करने का प्रयत्न किया।

"वह...वह...मेरे पास कुछ बौंड थे।" वह हकलाकर बोला, "मैंने वे ही भुना लिये हैं।"

"कोई प्रमाण है इसका?"

वह और भी घबरा गया, "मैंने अपने एक सम्बन्धी को बेच दिये हैं। उसका क्या प्रमाण होगा। उसने मुझे रुपये दिये और मैंने उसे बौंड दे दिये। इसका प्रमाण कहाँ से आयेगा। यह तो घर के भीतर की बात है।"

मैं समझ गया कि रामलुभाया सत्य नहीं बोल रहा था।

उसने अपराधबोध से झुकी दृष्टि मुझ पर डाली, "तुम मेरा विश्वास कर सकते हो। मैं तुम्हारा मित्र हूँ। मैं अपने मित्रों से झूठ नहीं बोलता। वैसे भी अपने मित्र की सहायता करना तुम्हारा धर्म है। मैं मन्दिर में भगवान की प्रतिमा के सम्मुख शपथ ले सकता हूँ कि मैं झूठ नहीं बोल रहा। तुम मेरा विश्वास करो, मैं झूठ नहीं बोल रहा।"

मेरे भीतर कोई हँसा : यह व्यक्ति, जिसका सारा जीवन पाखंड है, थोड़ी देर पहले छाती ठोककर कह रहा था कि उसे पाखंड में विश्वास नहीं है। इच्छा हुई कि उसे पुलिस के हवाले कर दूँ।

"चलो। तुम एक साधारण खाता ही खोल दो।" वह मुस्कराने का प्रयत्न कर रहा था, "मैं तुम्हारे बैंक को दस लाख रुपये का बिजनेस दे रहा हूँ।"

पर मेरा मन माना ही नहीं कि मैं अपने बैंक के लाभ के नाम पर अपने बैंक को उस पाखंडी के पाखंड का भागीदार बना दूँ, और अपने हाथों उसके कलुषित पैसे का उसको ब्याज दूँ।

हुए मर के हम जो रुसवा

1

मिर्जा गालिब के दो नौकर-कल्लू और कल्याण कमरे की झाड़-पोंछ कर रहे थे। कल्याण कुछ उत्तेजित-सा था। कल्लू ने दो एक-बार उसकी ओर देखा भी और सोचा कि उससे पूछे कि उसका मुँह क्यों इतना सूजा हुआ है; पर फिर यह सोचकर कि उसे क्या लेना-देना है। घर में पत्नी से लड़कर आया होगा। किस घर में लड़ाई नहीं होती और कौन-सा पति, पत्नी से डाँट नहीं सुनता। और फिर पत्नी से डाँट खाकर पति सिवाय मुँह सुजाने के और कर भी क्या सकता है।...रोटी पकाने से तो कोई इनकार कर सकता है, रोटी कमाने से इनकार कैसे किया जा सकता है।....

आखिर कल्याण ही फूटा, "ये हमारे मिर्जा कोई काम क्यों नहीं करते। भगवान् की दया से पढ़े-लिखे हैं। दस्तखत भी कर लेते हैं। फारसी भी बोल लेते हैं। हाथ इतना तंग है, फिर भी बैठे-बैठे हुक्का गुड़गुड़ाते रहते हैं।"

अपना अनुमान गलत निकलने पर कल्लू को कुछ खेद हुआ, किन्तु सन्तोष भी हुआ कि कल्याण ने पत्नी से डाँट नहीं खायी थी, वह अपने स्वामी के लिए चिन्तित था। रूठने से तो चिन्ता ही भली।

"ऊँट बूढ़ा हुअ, पर उसे मूतना न आया।" कल्लू मुँह बनाकर बोला, "बुड्ढा हो गया, पर कल्याण रहा तू बुद्धू का बुद्धू ही।"

"क्यों मालिक की भलाई के विषय में सोचना मूर्खता है क्या?" कल्याण बोला, "पर शायद तुम ठीक ही कहते हो, बुद्धू तो मैं हूँ ही। समझदार होता तो मालिक की तंगदस्ती देखकर मैं भी औरों के ही समान कोई और घर न देखता।...तुम क्यों नहीं चले जाते, तुम तो बुद्धू नहीं हो?"

"वह नहीं कह रहा हूँ मैं।" कल्लू ने समझाया।

"तो क्या कह रहा है भाई तू?"

"मैं तो कह रहा हूँ कि शायर लोग भी कहीं कोई काम करते हैं क्या?"

"तो कवि लोग बेकाम और नाकाम ही होते हैं?" कल्याण ने कहा,

"निष्काम तो वे होते नहीं।"

"जाने क्या होते हैं और क्या नहीं होते, पर उनकी एक नाक होती है, जिस पर वे मक्खी नहीं बैंठने देते। इसलिए कोई काम तो उनसे होता नहीं।" कल्लू बोला, "किताब का बोझ उठा लें—इतना ही बहुत है। जिनकी कमर खयालों के नाजुक बोझ से झुक जाती है, वे कलम चला लें तो ही बहुत है; फावड़ा तो उनसे चलेगा नहीं।"

कल्याण भी उसी रौ में बह गया, "कमर में तलवार चाहे बाँधी हो किन्तु शत्रुओं को हाथ नहीं लगा सकते, बस छालिया कुतरते रहेंगे दाँतों तले, जैसे अंग्रेजों के लश्कर को चबा रहे हों। हुक्का गुड़गुड़ायेंगे, जैसे शेर दहाड़ रहा हो।"

कल्लू जोर से हँसा, "कल्याण! तू तो ऐसे ही पड़ गया शायरों के पीछे। कितना तो काम है उनके पास। दोस्त-यार आ जायें तो गप्पें मारनी पड़ती हैं। मार न पायें तो हाँकनी तो पड़ती ही हैं। कभी किसी बाईजी का गाना सुनना पड़ता है, कभी किसी नचेनी का नाच देखने जाना पड़ता है। पालकी में बैठे-बैठे ही कमर टूट जाती है। मुजरे में वाह-वाह कर बाईजी के कदमों में बिछ जाना पड़ता है। दाद देने के बहाने सिर के बाल नोंच लेने पड़ते हैं।..."

"दाद तो है ही बुरा रोग। खुजला-खुजलाकर चमड़ी छील लो, बाल नोंचना क्या बड़ी बात है।"

"अबे खुजली की बात नहीं कर रहा हूँ।" कल्लू झींका, "दाद माने तारीफ। प्रशंसा। तू कर सकता है यह काम? बाईजी को देखते ही बेहोश हो जायेगा। 'वाह' तक तो तेरे मुँह से निकलेगी नहीं। मैदाने जंग में दुश्मन का सामना करने के लिए एक तरह का कलेजा चाहिए और बाईजी के कदमों में बिछने के लिए दूसरी तरह का।... है तुझमें हिम्मत कि नचैनी की नजरों की कटारी झेल सके?"

कल्याण ने कानों को हाथ लगाये, "न भैया! मुझमें तो इतनी-सी भी हिम्मत नहीं है कि बाईजी की वीथि में पग धर सकूँ।...पर मैं तो केवल इतना ही कह रहा हूँ कि जब इतने परेशान हैं, तो कोई काम क्यों नहीं कर लेते। मुंशीगिरी तो कहीं भी मिल जायेगी। वह तो करेंगे नहीं, दाद के मारे बाल नोंचते रहेंगे।"

"मैंने कहा न कि तू पागल ही रहेगा।" कल्लू बोला, "अरे काम करते हैं कमीन लोग। ये ठहरे शरीफ लोग। शर्फा।"

"शर्फा ही हैं, कोई अशरफी तो हैं नहीं।"

"अशरफी नहीं हैं, फिर भी इनसे अपने हाथों से काम तो होगा नहीं।

क्या काम करेंगे ये लोग।"

"हाँ! हम ठहरे कमीन। ये ठहरे कर्महीन।" कल्याण बोला, "...पर तुम ठीक कहते हो कि कवि लोग कोई काम नहीं करते। सूरदास और तुलसी बाबा भी कोई काम नहीं करते थे। बस भगवान् का भजन ही किया करते थे। ...हाँ! कहते हैं कि कबीरदास जुलाहे का काम किया करते थे।"

"अबे जब इतना सब कुछ जानता है तो यह क्यों कहता है कि मिर्जा काम क्यों नहीं करते।" कल्लू बोला, "शायरी और फक़ीरी कोई दो अलग चीज़ें थोड़ी हैं।"

"शायरी और फक़ीरी तो है ही एक चीज़ पर मिर्जा तो शायरी और रईसी को एक करने पर तुले हुए हैं।"

"फक़ीरी और रईसी भी एक ही चीज़ है मूरख। फकीर से बड़ा रईस कौन हुआ है, आज तक?" कल्लू झल्लाकर बोला, "इस बात को तू कभी नहीं समझेगा..."

"मेरी तो सारी समझ ही गड़बड़ा गयी है भैया।" कल्याण बोला, "कभी-कभी मुझे ये सारे रईस फकीर ही नजर आने लगते हैं। बेचारे न कुछ पैदा कर सकें, न कुछ बना सकें। मोहताज हैं गरीबों के, मजदूरों के, किसानों के, अपने नौकरों-चाकरों के।..."

"और कभी-कभी तुझे फकीर भी रईस नजर आने लगते होंगे...." कल्लू बोला, "कैसी शान से बादशाहों के हुक्म को भी ठुकराकर चल देते हैं।..."

"हाँ! तुम ठीक कहते हो।" कल्याण बोला, "पर फिर यह मेरी समझ में क्यों नहीं आता कि हमारे मिर्जा फकीर हैं या रईस।"

"गड़बड़ कहीं और नहीं, तेरी खोपड़ी में है।" कल्लू बोला, "तूने सुना नहीं : ये मिसाइले तसव्वुफ, यह तेरा बयान गालिब। तुझे हम वली समझते, जो न बादाखार होता।"

इतने में वफादार आँधी के झोंके के समान कमरे में प्रविष्ट हुई और डाँटकर बोली, "बतियाते ही रहोगे कि किसी की सुनोगे भी। मियाँ कबसे पुकार रहे हैं। बेगम अलग परेशान हैं कि तुम लोग सुनते क्यों नहीं हो। बहरे हो गये हो क्या?'

उनका कोई प्रश्न या उत्तर सुनने के लिए वह नहीं रुकी। जैसे आयी थी, वैसे ही कमरे से निकल गयी।

कल्लू और कल्याण ने एक-दूसरे को देखा और मिर्ज़ा के कमरे की ओर चल पड़े। वहाँ महफिल लगी हुई थी। कोई नये कवि अपनी कविता सुना रहे

थे। मिर्जा गालिब सिर झुकाये उसे सुन रहे थे।

कल्लू और कल्याण ने एक-दूसरे की ओर देखा।

"उस चुड़ैल ने यह नहीं बताया कि मेहमान आये हैं। उनके लिए शर्बत लाना है।" कल्लू बोला और वे दोनों उलटे पैरों लौट गये।

नये कवि ने अपनी कविता पूरी की और मिर्जा गालिब की ओर देखा।

"अच्छी है।" मिर्जा ने कहा, "हुआ जब गम से यूँ बेहिस, तो गम क्या सिर के कटने का। न होता गर जुदा तन से तो जानूँ पर धरा होता।"

"क्या मतलब?" नये कवि ने हैरान होकर पूछा।

"मतलब यह कि, घर हमारा जो न रोते भी तो वीराँ होता। बहर गर बहर न होता, तो बयाबाँ होता।"

"मैं अपनी गजल के बारे में पूछ रहा था।" नया कवि कुछ परेशान होकर बोला।

"आपकी गजल के बारे में ही अर्ज़ किया है।"

नये कवि की समझ में कुछ नहीं आया। बोला, "आप कुछ उदास हैं मिर्जा साहब!"

मिर्ज़ा गालिब थोड़ी देर उसकी ओर देखते रहे और बोले, "दिल ही तो है, न संगोखिश्त, दर्द से भर न आये क्यों। रोयेंगे हम हजार बार, कोई हमें सताये क्यों।"

"वाह! वाह!! क्या बात कही है।" श्रोताओं की ओर से दाद उमड़ पड़ी? "कोई हमें सताये क्यों।"

ग़ालिब ने हाथ के संकेत से दाद स्वीकार कर उसका धन्यवाद करते हुए अगला शेर पढ़ा, "हाँ वो नहीं खुदापरस्त, जाओ, वो बेवफा सही। जिनको हो दीनोदिल अजीज, उनकी गली में जाये क्यों।"

लोगों ने दाद में फिर से वाह-वाह का जुलूस निकाला, पर उन सबसे ऊपर एक नारा नये कवि का था, "वाह! वाह!! कहीं जनाब हमारे मदरसे में उस्ताद हुए होते, तो कोई हमें भी राह दिखानेवाला होता।"

ग़ालिब मुस्कराये, "मदरसा और उस्ताद। बरखुरदार! मदरसे में मुदर्रिस होते हैं उस्ताद नहीं।"

"अगर बुरा न मानें मिर्जा साहब! तो एक बात कहूँ।" एक और व्यक्ति ने कहा।

"बरखुरदार! जब हमने ज़माने की बेअदबी का ही बुरा नहीं माना तो तुम्हारी बात का क्या बुरा मानेंगे। कहो। बेखौफ कहो।"

"जनाब! जब हम मदरसे में इल्म हासिल करने जाते हैं और वहाँ हमें

आलिम मिलते ही नहीं, तो हम भी क्या करें?...आपके पाँव धोकर पीने की भी औकात नहीं हमारे मुदर्रिसों की और कहते वे खुद को उस्ताद हैं।...एक अच्छा शेर कहने की सलाहियत नहीं और सारे नये शायरों के कलाम में इस्लाह करने का दम भरते हैं।"

"वह तो उन्हें मौका नहीं मिलता, नहीं तो वे पुराने उस्तादों के कलाम में भी इस्लाह कर दें।" किसी और ने कहा।

गालिब हँस पड़े, "मियाँ साहबज़ादे! तुम तो बहुत नाराज मालूम पड़ते हो, अपने मुदर्रिसों से। आखिर ऐसी भी क्या बात है?"

"नाराज होने की तो बात ही है मोहतरम!" एक और युवक बोला, "आप अपने एक शेर में जो बात कह गये, वे बरसों की अपनी तकरीरों में नहीं कह पाये। पान चबाते आयेंगे। संटी बरसायेंगे। वाही-तबाही बकेंगे और चले जायेंगे। और दावा यह कि मुल्क और काम की अगली पीढ़ी की तामीर कर रहे हैं। वल्लाह! हमारा एक भी मुदर्रिस आप जैसा उस्ताद होता।"

गालिब ने एक उदास-सी दृष्टि उस पर डाली, "नौजवान! ख्वाहिश तो तुम्हारी बहुत नेक है; पर तुम यह बताओ कि मुल्क और कौम ही ने उन गरीब मुदर्रिसों के बारे में क्या सोचा है कि वे लोग नयी पीढ़ी तामीर करें। बेचारे फटेहाल रहते हैं, रोटी की जगह मुहल्ले के बनिये की घुड़कियाँ खाते हैं। कहाँ उस्ताद को देखकर शहंशाह सलाम करते थे और कहाँ सरकारी प्यादे को देखकर मुदर्रिस सलाम बजा लाते हैं। मुझे तो इस मुदर्रिसी में ऐसा कुछ दिखायी नहीं देता कि कोई रौशन दिमाग नौजवान मुदर्रिसी की तरफ लपके। उससे तो वह किसी सौदागर की नौकरी कर ले, जो अपने नौकरों की परवरिश तो करता है। किसी रईस की ड्योढ़ी में नौकर हो जाये, जो उसे अपने दस्तरखान का नवाला तो देता है। अंग्रेज़ का सिपाही हो जाये, जो तनख्वाह के साथ लूट की इजाजत भी देता है।...तुम अपने मुदर्रिस को भूखे भी मारते हो और जूतियाँ भी, फिर कहते हो कि वह क़ौम की नयी पीढ़ी की तामीर करे...."

"तामीर करने की लयाक़त किसी में हो तो कौम उसे सिर माथे पर उठाये।" नये कवि ने तड़पकर कहा।

"ठीक कहते हो।" ग़ालिब बोले, "पर जब मुदर्रिसी में आधे पेट खाने और फटेहाल रहने के सिवाय कुछ रखा ही न हो, तो कोई उधर मुँह ही क्यों करे। तुमने कभी गौर किया है कि मुदर्रिस कौन बनता है?"

"जिसे किताबों से प्यार होता है। इल्म से मुहब्बत होती है।"

"नहीं।" "गालिब आक्रोशपूर्ण स्वर में बोले, "जिसे कोई कुंजड़ा भी अपनी झल्ली ढोने लायक नहीं समझता। ...जब सब तरफ से पिटे हुए खस्ताहाल

दिमागी हालतवाले लोग मुदर्रिस बनेंगे, तो मदरसों में इल्मी दिवालियापन ही तो दिखायी देगा...”

“मैं कहता हूँ कि अच्छे उस्ताद मुदर्रिस बन जायें तो न मदरसों की यह हालत रहेगी,” नया कवि बोला, “न हमारी नयी पीढ़ी ऐसी ऊलजलूल हरकतें करेगी। आप तसव्वुर कीजिये, अगर आप हमारे उस्ताद बनकर आयें...”

“मुझे तो तुम माफ ही रखो बरखुरदार!” गालिब कुछ अवसादपूर्ण स्वर में बोले, “सुबह उठकर बजाय कुछ अच्छा पढ़ने-लिखने के या सोचो फिक्र करने के, कहीं अपने भीतर कोई सरूर खोजने के, मिर्ज़ा ग़ालिब अचकन और टोपी डाटकर बल्लीमारान के मदरसे में जा पहुँचेंगे। लौंडे सीटियाँ बजाते हुए आयेंगे और कहेंगे, मौली साहब! आदाब। 'मिर्जा गालिब मौली साहब हो जायें। दिमाग में कोई नाजुक ख्याल मुजस्मे की शक्ल में ढल रहा हो, कहीं कोई तख़ैयुल आसमान पर रखे इन्दरधनुष पर पैर रखकर उड़ जाने की तैयारी में हो और मिर्जा असद्दुला खाँ गालिब लड़कों की तख्तियों पर उनकी हिज्जे दुरुस्त कर रहे हों। दिमाग में एक से बढ़कर एक शेर आ रहा हो और मियाँ गालिब हाथ में छड़ी लिसे हुए लड़कों को गर्दाने रटा रहे हो....लाहोलविला कूवत...”

“मिर्ज़ा साहब!...”

पर ग़ालिब ने उसे बात पूरी नहीं करने दी, “और किसी वक्त न हुई तबीयत लौंडों से मग्ज मारने की, न पढ़ाना चाहा तो वे सीटियाँ बजाने और आदाब करनेवाले लौंडे, आदाब कहना छोड़ बस सीटियाँ ही बजायेंगे। आँखों में आँखें डालकर रौब गाँठेंगे, 'पढ़ाओगे कैसे नहीं? तलब नहीं पाते क्या।' उनके अब्बा मियाँ तैश के साथ चिल्लायेंगे, 'अमाँ पढ़ाओगे कैसे नहीं, हम तुम्हें महीने में फी लड़का दो पैसे नहीं देते?' ...तब उनको कोई कैसे कहेगा कि ग़ालिब का एक-एक शेर, साल-भर की तलब पर भारी पड़ता है.... अशर्फियों से तुलनेवाले शेर कमजर्फ और बददिमाग लोगों की गालियों से तुला करेंगे...। मियाँ! ग़ालिब के होशोहवास अभी दुरुस्त हैं।”

ग़ालिब रुक गये। दरवाजे की ओर देखा। वहाँ शिवनारायण खड़े थे। शिवनारायण का चेहरा कुछ उड़ा हुआ था। उधर ग़ालिब की टकटकी लगी देख शेष लोग भी उधर ही देखने लगे। शिवनारायण एक हाथ से आदाब कर चुपचाप एक कोने मैं बैठ गये।

उन्हें कुछ न बोलते देख ग़ालिब ही स्वयं बोले, “क्या बात है मियाँ शिवनारायण! ऐसे गुमसुम क्यों हो, जैसे कहीं गमी में आये हो। ऐसे घुन्ने तो तुम हो नहीं। मौलवी फज़लहक़ खैराबादी होते तो बात और थी।”

शिवनारायण ने एक बार बड़ी यतीम-सी दृष्टि से मिर्जा को देखा और

फिर धीमे स्वर में बोले, "आपकी इस महफिल को बदमजा नहीं करना चाहता मिर्जा साहब! बाद में आपसे बात करूँगा।"

"यार हमारा बदनजा होता रहे और हम महफिल में जमे रहें, ऐसा भी कभी हुआ है क्या?" गालिब बोले, "...पर बात क्या है मियाँ? तुम महफिल की फिक्र मत करो शिवनारायण, नहीं तो हमारी जिन्दगी ही बदमज़ा हो जायेंगी।"

किन्तु शिवनारायण अपने स्थान से नहीं टले, "महफिल में कहने की बात नहीं है, एकान्त में कहूँगा।"

नया कवि उठ खड़ा हुआ। समझ गया कि अब मिर्जा से और बात नहीं हो सकेगी। बाकी लोग भी उठ गये। शिवनारायण का संकेत स्पष्ट था कि वे कोई गम्भीर चर्चा करना चाहते हैं—पर एकान्त में।

"मिर्ज़ा साहब! अब हमें इजाजत दें। लगता है कि आपके दोस्त कोई अहम खबर लाये हैं।" सलाम कर वह बाहर निकल गया। शेष लोग भी सलाम कर चले गये। मिर्ज़ा जैसे बेध्याने से खड़े रह गये। उनकी समझ में ही नहीं आ रहा था कि यह क्या हो गया और क्या होता जा रहा है। सबके चले जाने के पश्चात् वे शिवनारायण की ओर मुड़े।

"क्या बात है शिवनारायण?" वे बोले, "ऐसी क्या बात हो गयी भाई! कि तुमने मिर्ज़ा की महफिल ही उजाड़ दी?"

"हुजूर को कुछ खबर भी है?"

"अरे क्या हो गया? बादशाह सलामत को अंग्रेजों ने लालकिले से निकाल बाहर कर दिया क्या?"

"नहीं! वे तो वहीं हैं।" शिवनारायण बोले, "ऋण न चुकाने के अपराध में अदालत में आपके खिलाफ पाँच सहस्र रुपयों की डिग्री हो गयी है...।"

"पाँच हज़ार रुपये!" मिर्ज़ा हैरान रह गये, "यह कहाँ का इनसाफ है... जागीर छीन ली...वजीफा नहीं देते...सारी जायदाद के हिस्से-बखरे कर दिये... दरबार के शायर के लिए खर्च नहीं...और अब यह डिग्री...आखिर क्या चाहते हैं ये लोग...रुतबा नहीं, ओहदा नहीं,...खर्च नहीं...क्या करे शायर? इस मुल्क में कोई शायर जिन्दा कैसे रहेगा?"

"कौन चाहता है कि शायर जीवित रहे?" शिवनारायण बोले, "किसको आवश्यकता है इस देश में कवि की?"

"इस मुल्क को शायर नहीं चाहिए?"

"नहीं! वे पूछते हैं कि कवि करता ही क्या है?"

"तो इस मुल्क में लोगों की जुबान में हुस्नोलताफत कौन पैदा करेगा?"

"किसको आवश्यकता है इन सबकी? इस देश में आज कुंजड़नों की

गालियाँ लोगों को कवियों के दीवान से अधिक प्यारी लगती हैं।"

"इन्हें खूबसूरत तसव्वुर और नाजुक ख्याल कौन देगा?"

"दिल्ली में खूबसूरत तसव्वुर और नाजुक ख्यालों का नहीं, झूठ-फरेब, लाँछनों और षड्यन्त्रों का महत्त्व है मिर्जा साहब! किसको चाहिए कवि की इन्द्रधनुषी कल्पना।"

"इन्हें फिक्रोसुख़न की बुलन्दियाँ कौन समझायेगा?"

"बुलन्दियों की चिन्ता किसको है। अमीरोउमरा, दरबारी, मनसबदार, अहलकार–सब तो झूठे और मक्कार हैं। नरक के कीड़े। चिन्ता है तो यह कि किस प्रकार सारे देश को अपने पैरों तले रौंदकर, स्वयं धन-दौलत और विलास के आकाश को छू लें।" शिवनारायण कुछ आक्रोश में बोले।

"इनमें अहसास कौन पैदा करेगा? इनके जज्बात में वलवले कौन जगायेगा?"

"वे तो चाहते ही हैं कि सारा देश संवेदनाशून्य हो जाये...जड़ पत्थर...उसे पीसकर रख दिया जाये, तो भी उसे काँटा चुभने की-सी भी अनुभूति न हो। वे चाहते हैं कि कवि को इतने बेभाव की पड़े कि कवि के भाव मर जायें। वलवलों की किसी को आवश्यकता नहीं है यहाँ। कीचड़ में बिलबिलानेवाले कीड़ों को वलवलों की आवश्यकता नहीं होती।"

"और इन्हें हैवानियत से निकालकर रूहानियत के रूबरू खड़ा कौन करेगा?" गालिब अपनी उसी मुद्रा में कहे जा रहे थे।

"हमारे देश के नेताओं को आध्यात्मिक लोगों की नहीं, गधे, घोड़ों और खच्चरों की लीद उठानेवालों की आवश्यकता है। देश क्या है, अस्तबल हुआ पड़ा है।" शिवनारायण को मिर्जा ने आज तक इतने आक्रोश में नहीं देखा था, "दुर्गन्ध से नाक फटी जा रही है। हिन्दुस्तानी अमीरोउमरा हैं, जो धन और विलास के पीछे देश को अंग्रेजों के हाथों बेचने पर तुले हुए हैं। बादशाह सलामत अपने लालकिले को ही गनीमत समझते हैं। उनको अपनी गद्दी बचती दिखायी नहीं देती...और अंग्रेज! अंग्रेज चाहता है कि यह देश बाग-बगीचों के स्थान पर श्मशान हो जाये और वह चांडाल बनकर उस पर शासन करे।"

"जब देश तबाह हो रहा है, तभी तो उसे शायरों, फनकारों और सोच-विचार करनेवाले मुफक्किरों की जरूरत है...।" मिर्ज़ा बोले।

"होती होगी, पर इस समय तो आप अपने-आपको तबाह होने से बचाइये।" शिवनारायण ने कहा, "पाँच सहस्र रुपयों की डिग्री है। या तो कहीं से पाँच सहस्र रुपयों का प्रबन्ध कर अपना ऋण चुकाइये, या फिर घर से बाहर निकलते ही गिरफ्तार हो जाइये।"

"क्या कहते हो शिवनारायण।" मिर्ज़ा पहली बार कुछ विचलित होते दिखायी दिये।

"हाँ जनाब!" शिवनारायण बोले, "वह तो अदालत ने आपको शर्फा में शुमार किया है, इसलिए आपको आपके घर के भीतर से गिरफ्तार करने की मनाही है; नहीं तो वे कमबख्त आपको घर में ही धर लेते और घसीटते हुए कोतवाली तक ले जाते।"

"पर घर से बाहर न निकलूँ तो मेरी जरूरतें..."

"जनाब मिर्ज़ा साहब! आपके ये दोस्त अहबाब, यह मित्रमंडली किस दिन काम आयेगी?" शिवनारायण ने कहा, "आप निश्चिन्त रहें, आपको हम किसी किस्म की तकलीफ नहीं होने देंगे। पर कृपा कर घर से बाहर मत निकलियेगा।"

"पर पैसों का भी तो इन्तजाम करना होगा, मियाँ!" गालिब बोले, "कब तक चूहे की तरह बिल में दुबका रहूँगा?"

"मौलवी फजल हक कह रहे थे कि वे आपकी नौकरी का रास्ता निकाल रहे हैं।" शिवनारायण उठ खड़े हुए।

"नौकरी।" मिर्ज़ा की आँखें फटी की फटी रह गयीं।

"हाँ! वे कह रहे थे कि अंग्रेजों की एक पाठशाला की इन्तजामिया कमेटी में उनकी कोई जान-पहचान है। कोई नवाब कल्लन और उनकी रखैल दोनों ही उसके सदस्य हैं। वे आपको उनसे मिलवा देंगे।"

ग़ालिब ने कुछ कहा नहीं, बस देखते ही रह गये।

2

हवेली के एक बड़े से कमरे में महफिल सजी हुई थी। अनेक लोग बैठे थे। उन सबके बीच बड़ी ठसक के साथ शबरातन बैठी थी। दासियाँ पान की गिलौरियाँ पेश कर रही थीं। हुक्के का धुआँ उड़ रहा था। कहकहों की आवाजें आ रही थीं।

मौलवी फजलहक खैराबादी, अपने साथ मिर्ज़ा ग़ालिब को लेकर आये थे। मौलवी साहब ने अन्दर झाँककर देखा और दासी को संकेत से बुलाया। दासी आकर उनकी बात सुन गयी और लौटकर शबरातन के कान में धीरे से कुछ बोली। शबरातन के चेहरे पर अप्रसन्नता-सी झलकी और बोली, "अब आ ही गये हैं तो ले आओ।" फिर स्वयं ही ऊँचे स्वर में पुकारकर बोली, "अब आ भी जाइये मौलवी साहब! कब तक इस तरह शरमाते रहियेगा।"

पहले मौलवी फज़लहक़ और फिर मिर्ज़ा ग़ालिब ने प्रवेश किया। मिर्ज़ा हक्के-बक्के से खड़े रह गये और मौलवी साहब ने झुककर बी शबरातन को ऐसे सलाम किया जैसे वे बहादुरशाह ज़फर के दरबार में खड़े हों।

सब लोग मिर्ज़ा को ऐसे देख रहे थे, जैसे कोई अजीब-सा जानवर घर में घुस आया हो।

सहसा शबरातन इधर-उधर देख, कुछ हाव-भाव से मुँह बनाकर बोली, "तशरीफ रखिये। कब तक ऊदबिलाव की तरह गर्दन उठाकर देखते रहियेगा।"

मिर्ज़ा ग़ालिब अटपटी-सी चाल चलकर मौलवी साहब के पास जा बैठे, जैसे कोई बच्चा अपरिचितों की भीड़ में अपनी माँ का आचल थामकर बैठता है।

फज़लहक़ अपनी निकटता जताने के लिए जैसे शबरातन को सुनाकर बोले, "आप इन्हें पहचानते हैं न मिर्ज़ा साहब!"

मिर्ज़ा ग़ालिब को वे अच्छी तरह सिखा-पढ़ाकर लाये थे, पर मिर्ज़ा जैसे अपनी मनःस्थिति से बाहर नहीं आ पा रहे थे। वे पहचानने का बहुत सारा प्रयत्न कर भी नहीं पहचानते और नकार में सिर हिला देते हैं।

मौलवी साहब को इसी का भय था। इतना समझाकर लाये थे, पर मिर्ज़ा ग़ालिब तो मिर्ज़ा ग़ालिब ही थे। अपनी प्रकृति को कैसे बदल लेते।

मिर्ज़ा का सिर हिलाना जैसे बहुत सारे मुसाहिबों को सुनहरा अवसर दे गया। वे समूह गान के स्वर में बोले, "अरे साहब! आप इन्हें नहीं जानते। तो दिल्ली शहर में किसे जानते हैं आप। ये दिल्ली की जानी-पहचानी हस्ती हैं...बी शबरातन!"

मिर्जा कुछ झेंपे और बोले, "माफ कीजियेगा। मेरे जेहन में न यह शक्ल उभर रही है, न यह नाम ही याद आ रहा है। बड़ी बी शायरा हैं क्या?"

'बड़ी बी' सुनकर ही शबरातन के मुँह का स्वाद कसैला हो गया।

मौलवी साहब ने स्थिति सँभालने के लिए क़हक़हा लगाया, "ये शायरा नहीं, शाहेराह हैं। किसी ऊँची मंजिल तक पहुँचना हो तो ये ही वहाँ तक पहुँचाती हैं।"

"होंगी शाहेराह, मगर नाम तो नानबाइयों का-सा है।" ग़ालिब बोले।

"नहीं! हमारी बी शबरातन न शायरा हैं, न नानबाई।" एक मुसाहिब ने उनकी प्रशंसा में कहा और परिचय देना आरम्भ किया, जिसे शबरातन बड़े गौरव से मुस्कराकर सुन रही थी, जैसे राजा लोग चारणों से अपने वंश की विरुदावली सुनकर मुस्कराते होंगे, "हमारी बी शबरातन जाति से कुंजड़न हैं। इनके पुरखे दरियागंज की मंडी में अपनी टोकरी लेकर बैठा करते थे। इनकी

माँ एक अमीर की नजर में चढ़ गयीं और अंजाम यह हुआ कि बिना निकाह के ही यह चाँद का टुकड़ा पैदा हो गया।" वह मुस्कराया, "आजकल ओहदे से आप नवाब कल्लन मियाँ की रखैल का दबदबा रखती हैं।"

"माशाअल्लाह! इल्म की बड़ी ऊँची सनद पायी है इन्होंने।" ग़ालिब कुछ-कुछ अपने रंग में आ रहे थे, "दिल्ली दरवाज़े से अजमेरी दरवाज़े तक की सारी सनदें पार कर गयी।"

"और नहीं तो क्या।" शबरातन मिर्जा का अभिप्राय समझे बिना अपने फूहड़ ढंग से बोली, "कुंजड़नें तो आज भी बहुत हैं बाजार में। साग भी तौलती हैं और ग्राहक की जेब भी टटोलती हैं। दरियागंज की मंडी अटी पड़ी है उनसे। क्यों न बन गयी वे नवाब कल्लन मियाँ या नवाब रल्लन मियाँ की रखैलें।"

"आपके ओहदे की ऊँचाई नहीं समझ आयी उनको। साग तौलती रह गयीं, अपना जिस्म नहीं तौल पायी।" मिर्ज़ा ने बड़ी शालीनता से कहा।

"और नहीं तो क्या। समझ की ही तो बात है सारी।" शबरातन इतराकर बोली, "नहीं तो जनाब ही को किसी शहजादी या अमीरजादी ने क्यों नहीं रख लिया। उनमें से भी तो बहुत सारी बड़ी शौकीनमिजाज होती हैंगी सालियाँ।"

"आप ठीक फरमाती हैं।" मिर्ज़ा ग़ालिब बोले, "यह लयाकत तो मुझमें सिरे से है ही नहीं।"

"तभी तो चूतड़ रगड़ रहे हो," शबरातन बोली, "नहीं तो बैठे ऐश कर रहे होते।"

मिर्ज़ा ने बुरा-सा मुँह बनाकर मौलवी साहब की ओर देखा, जैसे कह रहे हों, 'यह कहाँ ले आये तुम।' फ़ज़लहक़ उन्हें शान्त रहने का संकेत कर दूसरी ओर देखने लगे।

मिर्ज़ा जैसे उकताकर बोले, "तो अब हम यहाँ किस इन्तजार में बैठे हैं?"

"नवाब साहब आ जायें तो हम कार्रवाई शुरू करें।" एक मुसाहिब ने कहा, "चाहे आप की ही गजल से शुरू हो जाये।"

"मैं गजल नहीं ग़ज़ल कहता हूँ।" मिर्ज़ा बोले।

"तो आप ईरान चले जाइये, यहाँ तो वह गजल ही होगी।"

"अरे छोड़ा। क्यों उलझते हो इनसे। ये गजल कहते हैं तो गजल ही सही।" शबरातन बोली, "हम कौन रुबाई के लिए हठ कर रहे हैं।"

"तो जनाब! ये नवाब रल्लन कौन साहब हैं?" मिर्ज़ा ने पूछा।

"आप तो सब गड़बड़ किये दे रहे हैं।" मौलवी साहब ने धीरे से कहा।

शबरातन फूहड़ ढंग से क़हक़हा लगाकर हँसी, "नवाब कल्लन। नवाब

रल्लन नहीं।"

मिर्ज़ा जैसे परेशान होकर बोले, "मेरे लिए एक ही बात है।"

"मियाँ! तुम्हारे लिए होगी एक बात।" शबरातन इतरायी, "हम तो नवाब कल्लन की दाशता हैं, नवाब रल्लन की नहीं हो सकती हैंगी। आखिर हमारा भी तो साला कोई उसूल हैगा।"

"तो नवाब कल्लन कौन हैं?"

"मदरसा उन्हीं के मकान में चलता है।"

"तो वे मालिक मकान हैं?" ग़ालिब ने पूछा।

"मालिक मकान नहीं, मालिक ही कहो।" शबरातन ने कहा, "नवाब साहब की पहले कसाई की दुकान थी। अब नौकर-चाकर वह दुकान चलाते हैं।"

"माशाअल्लाह।" गालिब समझ नहीं पा रहे थे कि वे हँसे या रोयें, "तो नवाब साहब कसाई हैं और उन्हें शायरी का शौक भी है।"

"जब नवाब साहब को शराब और कुंजड़नों का शौक है, तो शायरी का शौक अपने-आप ही होगा।" शबरातन की बाँछें खिल गयीं।

"खैर होगा। पर मेरी काबिलियत का इम्तहान कौन लेगा?"

"वे ही लेंगे।" शबरातन बोलीं, "कुछ हम पूछ लेंगे।"

"कसाई...मेरा मतलब है, नवाब साहब?"

"हाँ साहब! वे मालिक हैं। यह फैसला बिल्कुल वे ही करेंगे कि उन्हें लायक उस्ताद चाहिए या नालायक।"

ग़ालिब हैरान रह गये, "नालायक उस्ताद।"

"हाँ! यह फैसला तो खरीदार ही करेगा न कि उसे डाक पहुँचानेवाला तेज रफ्तार घोड़ा चाहिए, या बोझ उठानेवाला गधा।" शबरातन कुछ बिगड़ गयीं, । 'पर आप ये सारे सवाल करनेवाले कौन होते हैं। आपको नौकरी चाहिए या नहीं?"

"बी हसीना! आप नाराज न हों।" मौलवी फज़लहक़ बीच में बोले, "ये मिर्जा ग़ालिब हैं। शायर हैं। दुनिया की खबर कुछ कम ही रहती है इन्हें। बेचारे नहीं जानते कि नवाब साहब कैसी अहम शखसियत हैं।"

"ऐ ये लो। ये नवाब कल्लन को ही नहीं जानते, जिनका सारे मुहल्ले में दबदबा है।" एक मुसाहिब उछलकर बोले, "कहीं बहुत दूर से तशरीफ लाये लगते हैं। कहीं आप शाहदरा से तो नहीं आये?"

"मुझे तो महरौली से आये लगते हैं।" दूसरा मुसाहिब बोला, "वहीं के लोग दिल्ली की मशहूरोमारूफ हस्तियों को नहीं जानते।"

"नहीं! रहनेवाले तो ये भी खास दिल्ली के ही हैं।" मौलवी साहब ने

बीच-बचाव किया, “पर मैंने अर्ज किया न कि शायर हैं। अपने ख्यालों की दुनिया में रहते हैं।”

“तो अपना मकान भी ख्यालों की दुनिया में ही बनाया होता। मुई दिल्ली में क्यों आ बसे।” बी शबरातन ने कहा, “रहेंगे दिल्ली में और नवाब कल्लन मियाँ को नहीं जानेंगे। आखिर इनका गुजारा यहाँ कैसे होगा?”

“इसीलिए तो आपके कदमों के दीदार के लिए आये हैं।” मौलवी साहब बोले।

“जान जायेंगे। जान जायेंगे।” एक और मुसाहिब बोला, “जब ये अपने ख्यालों की दुनियाँ से नीचे उतरकर, दिल्ली की सरज़मीन पर अपने नाजुक कदम रखेंगे, तो सख्त जमीन इनकी एड़ियों और पंजों में चुभेगी तो इनकी आँखें अपने-आप खुल जायेंगी। वैसे नवाब साहब के आते ही लोगों के होश उड़ जाते हैं, आँखें कैसे बन्द रह जायेंगी।”

“नवाब साहब की बात ही क्या,” एक और मुसाहिब बोला, “यह ख़सूसियत तो दिल्ली की सरज़मीन में ही बहुत है कि यहाँ रहकर जिसने आँखें बन्द कीं, उसका सिर कलम हो गया...।”

मिर्ज़ा गालिब से जैसे रहा नहीं गया। बोले, “सिर क़लम होगा या क़लम सिर हो जायेगी—उसे छोड़िये, आप यह बताने की तकलीफ तो गवारा करें कि नवाब साहब हैं कौन-सी शख्सियत।”

सहसा शबरातन क्रोध में आ गयी, “बस! बहुत हुआ। अब आपको नवाब साहब की शख्सियत का पता तो तभी चलेगा, जब वे आपका सिर कलम कर, आपकी खाल उतारकर, आपको भी अपनी दुकान पर बकरों के गोश्त के साथ टाँग देंगे...”

3

मिर्ज़ा ग़ालिब को पसीना आ गया। वे हड़बड़ाकर उठ बैठे। वे अपने शयनकक्ष में अपने बिस्तर पर थे। पास ही बेगम लेटी हुई थीं।

“ओह! कैसा ख़ौफनाक ख़्वाब था।” उन्होंने अपने-आपसे कहा।

बेगम को अभी शायद नींद ही नहीं आयी थी। बोलीं, “अयहय। ऐसा भी क्या देख लिया?”

“मौलवी फज़लहक़ मुझे एक जगह नौकरी दिलवाने ले गये थे।” मिर्ज़ा बोले।

“नौकरी दिलवाने ले गये थे, किसी कत्लगाह में तो नहीं ले गये थे।”

बेगम ने हँसकर कहा।

"कत्लगाह ही समझो। वे मुझे एक मदरसे में मुदर्रिस बनवा रहे थे।"

"मुदर्रिस ही तो बनवा रहे थे," बेगम बोलीं, "कोई आपकी कमर में चपरास तो नहीं बँधवा रहे थे।"

'नहीं! मैं नौकरी नहीं करूँगा।"

"नौकर तो अब भी आप हैं ही–मुगलो के हुए या अंग्रेजों के हुए।"

"अरे दरबार की नौकरी भी कोई नौकरी है!" मिर्ज़ा बोले, "जब इजलास हुआ, सजधजकर अपनी मुकर्रर जगह पर जा बैठे। किसी को आदाब अर्ज़ कर दिया, किसी को दुआ दे दी। बहुत हुआ तो दो-चार शेर बादशाह सलामत के हुज़ूर में पढ़ दिये। और फिर..."

"और क्या?"

"वहाँ तो मैं बादशाह के उस्ताद के रूप में बैठता हूँ।"

"यह गलतफहमी छोड़ दीजिये। आप एक ही वक्त पर नौकर और उस्ताद दोनों तो नहीं हो सकते।" बेगम ने कहा।

"क्यों महाभारत के द्रोणाचार्य दोनों नहीं थे क्या?"

"आपको लगता है कि द्रोणाचार्य उस्ताद रह गये थे?... यह तो वैसा ही है, जैसै अब भी आप बहादुरशाह ज़फर को बादशाहे हिन्द मानते रहें।" बेगम हँसी, "अच्छा! सच-सच बताइये, क्या आप अब भी बादशाह को ताजदारे हिन्दुस्तान मानते हैं?"

"आप कहाँ सयासत ले बैठीं।" मिर्ज़ा ने कहा, "मुझे तो यह ग़म खाये जा रहा है कि असद शायर से मुदर्रिस हो जायेगा?"

"तो क्या बुरा है?" बेगम बोलीं, "मुदर्रिस भी तो उस्ताद ही होता है। लड़कों को शेख सादी का कलाम पढ़ाइयेगा, फिरदौसी का कलाम पढ़ाइयेगा। उन्हें पढ़ाते हुए, खुद भी पढ़ियेगा, समझियेगा..."

"तुम्हारी बातों पर हँसूँ तो बुरा मत मानना।"

"क्यों? इसमें हँसने की क्या बात है?" बेगम इतरायी।

"हँसने की बात नहीं है क्या? शायर खुद ऊँचा उठने के लिए पढ़ता है और मुदर्रिस शायर के कलाम की चीरफाड़ कर उसे तबाहो-बर्बाद करने के लिए पड़ता है?"

बेगम हँसी, "क्यों ऐसा क्या किया बेचारे मुदर्रिस ने?"

"मुदर्रिस तो शायरी का कसाई है। खूबसूरत नज्म को पहले हलाल करेगा और फिर उसकी बोटी-बोटी कर उसे अपने ग्राहकों को दिखाकर उन्हें खुश करेगा–यह लफ़्ज़ अच्छा है। यह तसव्वुर खूबसूरत है, यह बात गहरी है। नज्म

गयी भाड़ में।" मिर्जा के मन में नवाब कल्लन की दुकान घूम गयी।

"कसाई का काम तो आप कर रहे हैं।" बेगम हँस पड़ी, "बेचारे अच्छे-खासे मुदर्रिस को ज़बह किये दे रहे हो। मुदर्रिस तो उस्ताद है। शायर उस्ताद नहीं होता क्या?"

"शायर तो वह उस्ताद होता है, जिसने नज़्मों की मूरतों को अपने बच्चों की तरह पाला है। वह उसकी रग-रग से वाकिफ होता है। बच्चा अँगुली भी हिलाये तो उसके अन्दाज़ को देखकर भी माँ समझ जाती है कि उसकी तबीयत ठीक नहीं है।"

"और मुदर्रिस!" बेगम ने दृष्टि को वक्र कर उनकी ओर देखा।

"मुदर्रिस तो मूरतों का वह व्यापारी है, जो खुद मूरत की असलियत को समझे बगैर, ग्राहक को समझा देता है कि मूरत की खासियत क्या है।" मिर्ज़ा बोले।

"आप उसके साथ ज्यादती कर रहे हैं।"

"ज्यादती नहीं कर रहा, सच बोल रहा हूँ। जिन लड़कों को वह मदरसे में पढ़ाता है, वे न शायर को समझते हैं, न समझना चाहते हैं। खुद मुदर्रिस के लिए शायर को सनझना ज़रूरी नहीं है, ज्यादा जरूरी तो लड़कों को बहका ले जाना है।"

"इसका क्या सुबूत है आपके पास?"

"मेरे पास सुबूत हैं पर वे शायर के सुबूत हैं।"

"शायर के सुबूत क्या बाकी लोगों के सुबूतों से अलग होते हैं?" बेगम कुछ हैरान हुईं।

"हाँ अलग ही तो होते हैं। बाकी लोगों के सुबूत चलते हैं दलील पर। दलील चलती है अल्फाज़ की गाड़ी पर। अल्फाज़ ठोस होते हैं, उनका जिस्म होता है।" मिर्ज़ा बोले, "शायर का सुबूत उसका अपना अहसास है, वह दलील पर नहीं चलता। वह तो कुदरत के बारीक और नफीस इशारों को तखैयुल के रूप में अपने भीतर जज़्ब करता है, जैसे कोई धूप में बैठकर धूप को अपने जिस्म में जज़्ब करे।"

"यह सारी लफ़्फाजी है आपकी।"

"धूप में रहकर एक पौधा जल जाता है। उसी धूप में दूसरा पौधा लहलहाकर सूरज के रंग अपने पत्तों और फूलों में खिलाता है।... सूरज गन्दले पानी को सुखाकर कीचड़ बनाता है। झरने और बादलों के शफ़्फाफ पानी में वह अपनी रूह ढालकर इन्दरधनुष बनाता है। शायर का दिल वह साफ-शफ़्फाफ पानी है। वह तो कुदरत का आईना है। कभी-कभी मुझे लगता है कि मैं आँखें बन्द कर,

चुपचाप बैठ जाऊँ, तो कुदरत की तरह-तरह की ताकतें आ-आकर मरे जिस्म में जज्ब होती जा रही हैं। मेरे दिल का तलातुम ठहर जाता है, जैसे अन्धड़ के बाद गर्द बैठ जाये और चश्मे का पानी आईने की तरह साफ हो जाये। तब उस आईने में कुदरत अपना तिलस्म खोलने लगती है। अल्फाज़ नहीं होते, मैं कुछ सुनता नहीं, पर समझता हूँ तस्वीर नहीं होती, मैं कुछ देखता नहीं हूँ पर मैं महसूस करता हूँ..."

"आप कहना क्या चाहते हैं—आप पैगम्बर हैं, आपको अल्हाम होता है? आप मामूली इंसानों से अलग हैं, उनसे बेहतर हैं?"

"ये मिसायले तसव्वुफ, यह तेरा बयान ग़ालिब! तुझे हम वली समझते, जो न बादाख़ार होता।"

"शायरों ने अपनी तारीफ करने के लिए बहुत-कुछ उड़ा रखा है।" बेगम हँसी, "कौन मानेगा आपकी इस बात को?"

"कोई माने या न माने, तुम्हारा मुदर्रिस नहीं मानेगा, क्योंकि उसे अल्फाज़ ही दिखायी देते हैं, उनके भीतर का कुछ नहीं दीखता। कुएँ की जगत दीखती है, कुएँ का पानी नहीं दीखता। उसके पास न तो अल्फाज़ के पार जानेवाली नज़र है और न ही धूप जज़्ब करनेवाला दिल।"

"मुदर्रिस को इतना गया-बीता मत समझिये जनाब! आखिर वह भी लफजों से ही खेलता है। उन्हीं के बीच जीता-मरता है।"

"हाँ! कुछ तो है। मगर होशियार से होशियार मुदर्रिस भी शायरी की दुनिया की धाय ही तो है।..."

"धाय क्यों?"

"बच्चे पैदा होते भी देखे हैं धाय ने, जच्चा को तड़पते भी देखा है, पर कभी रत्ती-भर दर्द का अहसास नहीं हुआ उसे। तुम्हारा मुदर्रिस भी धाय है। धाय कम-से-कम बच्चा पैदा होने में जच्चा की कुछ मदद तो करती है। मुदर्रिस तो उस वक्त जच्चा के पास पहुँचता है, जब वह उसे पैदा कर नहला-धुला, कपड़े पहना, पालने में सुला, खुद आराम करने के लिए लेट चुकी होती है।"

"नहीं! जनाब मिर्ज़ा साहब! मुदर्रिस को इतना बुरा न समझिये। कमी दरअसल मुदर्रिस में नहीं है। हाँ! कुछ ऐसे लोग मुदर्रिस बन जाते हैं, जिन्हें कुदरत ने दुनिया में तबीयत से कुंजड़े बनाकर भेजा होता है। ऐसे कुछ हादसे तो कहीं भी हो सकते।"

"अच्छा। सो जायें। कहीं बहस में ही कोई हादसा न हो जाये।"

4

शिवनारायण और मौलवी फज़लहक़ खेराबादी एक साथ ही मिर्ज़ा से मिलने आये। मिर्ज़ा अपने इन दो मित्रों को एक साथ देखकर कुछ डर से गये।

"क्या बात है मिर्ज़ा साहब!" मौलवी साहब बोले, "अपने दोस्तों को देखकर आपका रंग क्यों उड़ गया है?"

"मियाँ! अब क्या कहें आपसे कि यह सोचकर कि आप लोग मुझे उस मदरसे में जाने को कहेंगे, मुझ पर क्या गुजर रही है।"

"खैर वह तो हम आपसे कहने आये ही हैं।" मौलवी फज़लहक़ ने कहा, "पर एक बात और कहनी है।"

"क्या?"

"खुलेआम मत जाइयेगा कि सारे बाजार को पता लगे कि मिर्ज़ा ग़ालिब की सवारी जा रही है।"

"आखिर क्यों भाई?" मिर्ज़ा बोले, "हम पर्दानशीन कब से हो गये?"

"जब से आपको गिरफ्तारी का हुक्म नाज़िल हुआ है।" शिवनारायण बोले, "यह न हो कि आप अपने गन्तव्य पर पहुँचने के स्थान पर कोतवाली पहुँच जायें।"

"ओह! यह तो हम भूल ही गये।" मिर्जा बोले, "अब आपसे हम सच कहें मौलवी साहब! कि जब से हमको मालूम हुआ है कि वह कुंजड़न शबरातन और वह कसाई नवाब कल्लन हमारी काबिलियत का इम्तहान लेंगे, तब से हमारे होश ही ठिकाने नहीं हैं।"

"आप वह सब भूल जाइये। वे सब अफवाहें हैं।" शिवनारायण बोले, "हम आपको किसी मदरसे में जाने को नहीं कह रहे। आप दिल्ली कॉलेज जा रहे हैं, जहाँ एक अंग्रेज टामसन आचार्य यानी प्रिंसिपल है। उसने कह दिया है कि यदि मिर्जा हमारे यहाँ फारसी पढ़ायेंगे तो उनकी काबिलियत का इम्तहान लेने का अधिकार किसी को नहीं है। उनका कलाम ही उनकी काबिलियत है। आपकी नौकरी पक्की हो चुकी। टामसन साहब वहाँ बैठे आपके आने की प्रतीक्षा कर रहे होंगे।"

मिर्ज़ा मुस्कराते हैं, "याने इस मुदर्रिस की इज्जत शबरातन के हाथ में नहीं है।"

"आप फिक्र न करें।" मौलवी साहब बोले, "शबरातन के हाथ तौलेंगे तो सब्जी ही तौलेंगे, आपकी क़ाबिलियत नहीं।"

5

टामसन साहब अपने कार्यालय में बैठे ऊपर से अपना काम करते दिखायी पड़ रहे थे, पर उनका सारा ध्यान मिर्ज़ा गालिब की ओर लगा हुआ था। बड़ी मुश्किल से फारसी पढ़ाने के लिए इतना अच्छा अध्यापक मिला था। ग़ालिब को मनाना कोई आसान नहीं था। जो बादशाह की महफिल में बैठता हो। सारे साहित्य में पुराने उस्तादों की बराबरी का उस्ताद माना जाता हो, उसे एक कॉलेज के अनुशासन में बाँधना आसान नहीं था। और अब तो उनके बन्दी होने का भी संकट था। कोतवाल तुला हुआ था कि वह उनको कारागार की शक्ल दिखाकर ही रहेगा। टामसन साहब ने अपनी ओर से कोई कसर नहीं छोड़ी थी। उन्होंने ऊपर तक कहलवा दिया था कि यदि मिर्ज़ा अपने घर से दिल्ली कॉलेज आने के लिए निकलें, तो उनको बन्दी न किया जाये। उनका ऋण चुकाने का कोई-न-कोई मार्ग निकाल लिया जायेगा। पर गालिब अभी तक आये नहीं थे।

जब टामसन साहब से रहा नहीं गया तो उन्होंने घंटी बजाकर चपरासी को बुलाया। चपरासी ने आकर सलाम किया।

"मिर्ज़ा गालिब की हवेली में जाओ और उनसे कहो कि हम उनका इन्तजार कर रहे हैं।" टामसन बोले, "उनसे पूछो वे कब तक आयेंगे?"

चपरासी चुपचाप अपने स्थान पर खड़ा रहा।

"क्या बात है, जाते क्यों नहीं?"

"हुजूर मिर्जा गालिब की पालकी तो कब से आयी खड़ी है। न वे पालकी से उतर रहे हैं और न पालकी फाटक के भीतर आ रही है।"

टामसन गम्भीर हो गये। उनकी समझ में कुछ नहीं आया।

"मिर्जा पालकी में आये हैं, तामझाम में नहीं?"

"नहीं हुजूर तामझाम में आते तो कोतवाल उन्हें रास्ते में ही गिरफ्तार कर लेते।"

"तो वे कॉलेज के भीतर क्यों नहीं आ रहे?"

"कह नहीं सकता सरकार!"

"किसी को भेजो। उनको लेकर भीतर आये।" टामसन रुक गये, "नहीं! ठहरो। मैं खुद जाकर देखता हूँ कि मामला क्या है।"

टामसन आगे-आगे चला, चपरासी पीछे-पीछे। दूर से ही चपरासी ने ग़ालिब की पालकी की ओर इशारा कर दिया। टामसन आकर पालकी के पास रुक गये।

कहारों ने देखा कि एक अंग्रेज आकर पालकी के पास रुका है। उन्होंने पालकी का पर्दा उठा दिया।

"आदाब! मिर्ज़ा साहब।" टामसन ने कल।

"आदाब। आदाब।" मिर्ज़ा पालकी से निकल आये, "शायद आप ही यहाँ के प्रिंसिपल टामसन साहब हैं।"

"जी! बन्दा ही टामसन है।" प्रिंसिपल ने कहा, "आप आकर यहाँ रुक गये हैं। कॉलेज में क्यों नहीं आ रहे?"

"आया तो मैं इसी ग़र्ज़ से था, पर यहाँ फाटक पर मेरे इस्तकबाल के लिए कोई नहीं था।" मिर्ज़ा बोले, "ऐसे में मैं कॉलेज में कैसे आता?"

"इस्तकबाल!" टामसन कुछ हकलाये, "पर कॉलेज के फाटक पर तो इस्तकबाल के लिए कभी कोई नहीं होता।"

"मैं पिछली बार एक महफिल के लिए आया था तो यहाँ बाकायदा मेरा इस्तकबाल हुआ था।" ग़ालिब ने कहा।

"पिछली बार आप हमारे मेहमान बनकर आये थे। इसलिए आपके इस्तकबाल के लिए हम सब यहाँ थे। पर कॉलेज मैं नौकरी करनेवालों का तो इस्तकबाल नहीं होता। वे अपने काम से आते हैं। काम करते हैं और वापस चले जाते हैं।"

"तो इसका मतलब यह हुआ कि कॉलेज में नौकरी करने से इज्जत कम हो जाती है।" मिर्ज़ा बोले, "उस्तादों की वह इज्जत नहीं होती, जो मेहमानों की होती है?"

"यह तो जाहिर ही है।" टामसन ने कहा।

मिर्ज़ा लौटकर अपनी पालकी में बैठ गये।

"चलो भाई।" उन्होंने कहारों से कहा।

"क्यों क्या हुआ मिर्ज़ा साहब?" टामसन ने हैरान होकर पूछा।

"मैंने तो आपके यहाँ नौकरी के लिए हामी इसलिए भरी थी कि आपके नामी कॉलेज में पढ़ने से मेरी इज्जत और बढ़ जायेगी।"

"देखिये, मुलाजिम और मेहमान की इज्जत एक जैसी तो नही हो सकती।" टामसन बोले, "अब तक आपका कलाम हमारे कॉलेज में पढ़ाया जाता है, पर जब आप कॉलेज के मुलाज़िम होंगे, तो आपका कलाम यहाँ पढ़ाया तो नहीं जा सकता।"

"आपके यहाँ पढ़ाने से यह ग़ालिब इतना छोटा आदमी हो जायेगा?"

"नौकरी करने पर आदमी अपने कलाम से नहीं, अपने ओहदे से जाना जाता है।"

"जले पर और नमक मत छिड़किये टामसन साहब!" मिर्ज़ा बोले, "ऐसी जगह कोई काम क्यों करे, जहाँ उसकी इज्जत का जनाजा धूमधाम से निकाला जाता है।" वे कहारों की ओर मुड़े, "परदा गिरा दो मियाँ और हवेली चले चलो।"

कहारों ने परदा गिरा दिया था और पालकी उठा ली थी। टामसन खड़े के खड़े रह गये। शायद मिर्जा धीरे-धीरे गुनगुना रहे थे, "हुए मर के हम जो रुसवा, न हुए क्यों ग़र्क़े दरिया। न कहीं जनाज़ा उठता, न कहीं मज़ार होता।"

हाहाकार

वे हिन्दी की प्रसिद्ध लेखिका हैं। पिछले दिनों एक शिष्टमंडल लेकर प्रधानमन्त्री से मिली थीं और हिन्दी के लिए ही नहीं, उसकी बोलियों के लिए भी, कुछ करने का आग्रह और अनुरोध करके आयी थीं।

आज गोष्ठी की अध्यक्षता वे ही कर रही थीं। हिन्दी के भविष्य को लेकर वे आज भी बहुत चिन्तित थीं। उनके भाषण का मूल विचार ही यही था। अगली पीढ़ी यदि हिन्दी का बहिष्कार कर देगी तो हिन्दी कैसे बचेगी। हमारे साहित्य का भविष्य क्या होगा? पुस्तकें बिकेंगी नहीं। पत्रिकाएँ कोई खरीदेगा नहीं। अन्ततः दुखी होकर वे बड़े आवेश में बोलीं, "मेरे तो अपने बच्चे ही हिन्दी की कोई पुस्तक पढ़ने को तैयार नहीं हैं।"

वे मंच से उतरकर नीचे आयीं और चाय की मेज की ओर चलीं तो रामलुभाया भी उनके साथ हो लिया।

"आपने अपने बच्चों को किस अवस्था में पाठशाला भेज दिया था?" रामलुभाया ने पूछा।

उन्होंने वक्र दृष्टि से रामलुभाया की ओर देखा, "पाठशाला में पढ़ें तुम्हारे बच्चे। मेरे बच्चे क्यों पाठशाला में पढ़ेंगे। वे तो पब्लिक स्कूल में पढ़े हैं।"

"चलिये आप उन्हें पब्लिक स्कूल कहकर प्रसन्न हैं तो वही सही।" रामलुभाया बहुत धैर्य से बोला। "पर हैं तो वे भी पाठशालाएँ ही। तो आपने किस अवस्था में अपने बच्चे को उस पब्लिक स्कूल में भेज दिया था?"

लेखिका का मन बहुत खराब हो चुका था। पाठशाला में पढ़ने के नाम से वे स्वयं को बहुत अपमानित अनुभव कर रही थीं। मन नहीं था कि रामलुभाया की शक्ल भी देखें। फिर भी सोचा कि शालीनता का पल्ला नहीं छोड़ना चाहिए।

"तीन वर्ष की अवस्था में सभ्य घरों के बच्चे अपने स्कूल जाने लगते हैं।"

"स्कूल में तो बच्चे अंग्रेजी में ही सब कुछ पढ़ते होंगे?"

"और क्या संस्कृत में पढ़ेंगे।" उनका मुँह घृणा से कड़वा गया।

"मेरा तात्पर्य है कि आप उनको स्कूल भेजने से कुछ पहले ही से अंग्रेजी

पढ़ा रही होगी।"

"तो क्या बिना पढ़ाये ही अंग्रेजी आ जाती उनको?" हिन्दी की लेखिका रुष्ट थी।

"तो आपके बच्चे ढाई वर्ष की अवस्था से अंग्रेजी पढ़ रहे है?"

"और नहीं तो क्या।" लेखिका ने गर्व से रामलुभाया की ओर देखा।

रामलुभाया मुस्कराया, "आप अपने बच्चों को उनके शैशव से अंग्रेजी पढ़ायेंगी तो बड़े होकर वे हिन्दी की पुस्तकें किसी दैवी प्रेरणा से पढ़ेंगे देवीजी?"

"क्या मतलब?" वे चिढ़कर बोलीं।

"आपने कभी उनके हाथ में हिन्दी की पुस्तक नहीं दी। शायद कभी उनसे हिन्दी में बातचीत भी नहीं की। तो उनकी अंग्रेजी भक्ति का पापी कौन है?" रामलुभाया उनकी ओर देख रहा था।

लेखिका रामलुभाया को छोड़कर मेरे पास आ गयी, "यह कौन बदतमीज है?"

"रामलुभाया है।" मैंने बताया, "वह भी हिन्दी के लिए चिन्तित रहता है।"

"खाक चिन्तित रहता है। मेरे बच्चों का करियर तबाह करना चाहता है।" वे बोलीं।

"आपकी भाषा में उर्दू की शब्दावली प्रचुर मात्रा में है।" मैंने कहा।

"हाँ! उर्दू बहुत मीठी जुबान है।" उन्होंने चटखारा लिया, "एक मेरी ही स्टेट है इस देश में जहाँ सरकारी जुबान उर्दू है।"

मेरी आँखें फटी की फटी रह गयी। ये हिन्दी की लेखिका नहीं जानती कि कश्मीर में से कश्मीरी, डोगरी और लद्दाखी समाप्त कर वहाँ उर्दू की प्रतिष्ठा की जा रही है। वह जो हिन्दी और उसकी बोलियों के लिए कुछ करने का आग्रह लेकर प्रधानमन्त्री के पास गयी थीं, अपने प्रदेश पर इसलिए गर्व कर रही हैं कि वहाँ भारतीय मूल की सारी भाषाओं और बोलियों पर राजनीतिक कारणों से उर्दू थोपी जा रही है।

"आपका चिन्तन तो बहुत गम्भीर है।" मैंने कहा, "पर आपने विचार नहीं किया कि कश्मीर में वहाँ की सारी बोलियों की हत्या क्यों की जा रही है।"

"अरे वह सब क्या सोचना।" वे हँसकर बोलीं, "आपको एक शेर सुनाऊँ। ..." पर मैं उनका शेर नहीं सुन पाया। मेरे मन में कश्मीरी, डोगरी और लद्दाखी का हाहाकार गूँज रहा था।

लालबुझक्कड़

रामलुभाया बहुत उत्तेजित था, "इस खुदाई से मुझे बहुत लाभ हुआ है।"

"कौन-सी खुदाई?" मैंने पूछा।

मैं खुदाई से बहुत डरता हूँ। इस नगर में प्रायः खुदाई होती ही रहती है। कभी फोनवाले खोदते हैं और कभी बिजलीवाले। कभी सड़क बनानेवाले और कभी पानी की नाली बनानेवाले। खुदाई होती है और कुछ गड़बड़ हो जाती है। कभी फोन खराब हो जाता है, कभी बिजली चली जाती है और कभी सड़क पर बड़े-बड़े गढ़े हो जाते हैं। पर रामलुभाया तो प्रसन्न था। कह रहा था कि उसे इससे लाभ हुआ है।

"पुरातत्त्व विभागवाले खुदाई कर रहे हैं।" उसने कहा, "वहाँ से एक विष्णु की मूर्ति निकली हैं और एक जैन तीर्थंकर की।"

"तो वहाँ पहले मन्दिर रहे होंगे।" मैंने कहा, "अनेक स्थानों पर मन्दिर ध्वस्त कर दिये गये हैं और अनेक स्थानों पर मन्दिर ध्वस्त हो गये हैं।...तुम्हें उससे कोई नयी सूचना मिली है?"

"नहीं। नयी सूचना नहीं। प्रमाण मिल गया है।" वह बहुत प्रसन्न था।

"तुम वहाँ गये हो?" मैंने पूछा।

"नहीं! गया तो नहीं हूँ।" वह तमककर बोला, "जाने की आवश्यकता भी नहीं है। मुझे यहीं बैठे ही प्रमाण मिल गया है।"

"किस तथ्य का प्रमाण मिला है?" मैं उसके लालबुझक्कड़पन से परिचित था। वह कहीं जाये बिना ही प्रमाण जुटा लेता था।

"वहाँ एक जैन मन्दिर था। उसे तोड़कर हिन्दुओं ने अपना मन्दिर बना लिया था।" वह आह्लाद से पागल हो रहा था, "इससे सिद्ध होता है कि हिन्दू भी दूसरों के मन्दिर तोड़ते रहे हैं।"

मैं चकित होकर उसकी ओर देखता रहा, "पर जैन तो हिन्दू ही हैं।"

"तुम मानते हो, हम नहीं मानते।" वह बोला।

"तुम नहीं मानते।"

"नहीं मानता।"

अब मैं उसका क्या उत्तर देता। वह नहीं मानता तो नहीं मानता। उसमें तर्क और प्रमाण की तो कोई गुंजाइश ही नहीं है।

"तुम्हें कैसे मालूम हुआ कि वहाँ दो मन्दिर नहीं थे? सम्भव है, एक ही मन्दिर रहा हो।"

"एक मन्दिर में ये दोनों मूर्तियाँ नहीं हो सकतीं।" वह बोला।

"सम्भव है दोनों मन्दिर साथ-साथ रहे हों।"

"यह मान लूँगा तो मेरा सिद्धान्त प्रमाणित नहीं होगा। फिर मैं शोध क्या करूँगा? अंग्रेजी के समाचारपत्रों में निबन्ध कैसे छपवाऊँगा।" वह मुझसे रुष्ट हो गया।

"अच्छा तुम्हें यह कैसे ज्ञात हुआ कि वहाँ के मन्दिर तोड़े गये? वे अपने-आप भी तो ध्वस्त हो गये हो सकते हैं?"

"ऐसी बातें प्रमाणित करने में मुझे कोई रुचि नहीं है।" वह बोला।

"अच्छा इसका क्या प्रमाण है कि हिन्दुओं ने जैन मन्दिर तोड़ा?" मैंने पूछा, "हो सकता है कि दोनों को मुसलमानों ने तोड़ा हो।"

वह अपनी बात से नहीं टला। बोला, "शोध यह नहीं होता कि जैन भी हिन्दू हैं। न शोध यह होता है कि एक ही मन्दिर में विष्णु और तीर्थंकर की प्रतिमाएँ थीं। न शोध यह होता है कि वे मन्दिर अपने-आप ध्वस्त हुए होंगे। न शोध यह होता है कि वे मन्दिर मुसलमानों ने तोड़े होंगे।"

"तो शोध क्या होता है रामलुभाया?" मैंने पूछा।

"शोध तब होता है जब हिन्दुओं को पीड़ित नहीं, पीड़क सिद्ध किया जाये। जब उन्हें क्रूर और अत्याचारी सिद्ध किया जाये।"

"तुम्हारा शोध यह भी नहीं होता रामलुभाया।" मैंने कहा, "तुम चाहते हो कि जातियों और उपास्य देवों को लेकर हिन्दू समाज को टुकड़े-टुकड़े कर दो। और तुम्हारा सबसे बड़ा शोध है कि तुम मुसलमान आक्रान्ताओं की रक्षा करो। यह सिद्ध करो कि हिन्दू भी मन्दिर तोड़ते थे। यदि आक्रमणकारी मुसलमानों ने मन्दिर तोड़े तो क्या बड़ी बात हो गयी। तुम्हारा शोध मुसलमानों के दोषों को धोने के लिए ही नहीं, हिन्दुओं को अपमानित कर मुसलमानों को सम्मान प्रदान करने के लक्ष्य से होता है।"

"जब तुम जानते ही हो तो तुमसे विवाद करने का क्या लाभ।" वह उठकर चला गया।

प्रेतात्मा

रामलुभाया का अपनी पत्नी से झगड़ा हो गया।

वे दोपहर के भोजन के लिए एक मित्र के घर आमन्त्रित थे। अभी घर से निकले ही थे। सड़क पर आकर उसने गाड़ी दायें घुमानी चाही तो पत्नी ने टोक दिया, "बायें चलो।"

"पर जाना तो दायें है।" रामलुभाया ने उसे स्मरण दिलाया।

"पहले बैंक चलो।"

"क्यों?"

"लॉकर में से कुछ गहने निकालने हैं।" उसने कहा।

"वे कल निकाल लेना।" रामलुभाया बोला, "आज वैसे ही देर हो चुकी है।"

"पहनने आज हैं और निकाल कल लूँ। विचित्र आदमी हो।"

"आज पहनने हैं तो फिर कल क्यों नहीं निकाल लायी?" रामलुभाया कुछ रुष्ट हुआ।

"तुम ही तो कहते हो कि आजकल बहुत चोरियाँ हो रही हैं। गहने घर में मत रखा करो।"

"तो इसका अर्थ है कि कहीं भी जाना होगा तो पहले बैंक जाना होगा?"

"विकल्प ही क्या है।" पत्नी ने कहा।

रामलुभाया जानता है कि विकल्प होते तो वह बात ही नहीं करती। जब विकल्प समाप्त हो जाते हैं तो सहज भाव से कह देती है कि विकल्प ही क्या है।

"आज जो गहने निकालोगी। वे आज रात घर में ही रहेंगे न?" रामलुभाया ने पूछा।

"और क्या कर सकती हूँ?"

"तो कल रात भी घर पर ही रहते तो क्या आसमान गिर पड़ता?"

"वह तो तुम जानो।" पत्नी बोली, "मैंने तो केवल तुम्हारी इच्छा का सम्मान

किया है। वैसे तुम चाहो तो जो गहने आज लॉकर से निकलेंगे, उन्हें रात को घर में रहने से भी बचाया जा सकता है।"

"कैसे?"

"पार्टी से लौटने तक बैंक तो बन्द हो ही चुका होगा।" पत्नी ने कहा, "और हम वे गहने घर में रखना नहीं चाहते। तो क्यों न ऐसा करें कि भोजन के बाद हम बाजार चले जायें। ये गहने मैं बेच दूँगी। कुछ नया ले लेंगे। बहुत दिनों से मैं हीरों के एक सेट के विषय में सोच रही हूँ।"

रामलुभाया के मुँह का स्वाद कड़वा हो गया।

"तुम गहने घर में रख लिया करो। जब तक हैं, पहनो। चोरी हो जायेंगे तो देखा जायेगा।"

"वैसे भी मैं सोच रही थी कि लॉकर से निकालकर तत्काल गहने पहनने हों तो आदमी कहाँ देखे कि वे उसकी वेशभूषा के साथ कैसे जँच रहे हैं। बैंक में कोई ड्रेसिंग रूम तो क्या एक बड़ा दर्पण भी नहीं है।" पत्नी ने कहा, इससे तो अच्छा है, आदमी सुनार की दुकान पर जाये। नये गहने खरीदे। उन्हें पहने। वहाँ चारों ओर दर्पण लगे होते हैं। उनमें स्वयं को निहारे, पसन्द आयें तो खरीदे नहीं तो दूसरे ले ले। लौटते हुए लॉकर में रख दे। अगली बार फिर नये गहने खरीद, पहने, पार्टी में जाये और लौटते हुए बैंक के लॉकर में रख दे। ऐसे मैं अपने पसन्द के गहने भी पहन सकती हूँ और उनके चोरी हो जाने का भी कोई भय नहीं है।"

"अर्थात् जब कभी किसी पार्टी में जाना हो पहले दस-बीस हजार खर्च करें। तब एक भोजन करें?"

"दस-बीस हजार क्यों?" पत्नी ने कहा, "हीरे का कुछ भी लाख-दो लाख से कम में तो मिलता ही नहीं है। सारा जीवन तो सोना ही पहना है, अब कुछ समय हीरे पहनना चाहती हूँ।"

"तुम जानती हो कि तुम क्या कह रही हो?"

"क्या कह रही हूँ।" वह हँसी, "एक पत्नी के समान अपने पति से कुछ माँग रही हूँ।"

"तुम छोटी-सी चोरी का भय दिखाकर मेरा सर्वस्व हरण कर रही हो। घर में इतना बड़ा डाकू हो तो चोरों से क्या डरना।" रामलुभाया बोला, "मुझे लगता है कि मेरा घर कश्मीर हो गया है। और तुममें वहाँ के महत्त्वाकांक्षी राजनीतिक परिवार की प्रेतात्मा समा गयी है।"

शोषण के विरुद्ध

उसने अपना सामान जमा कराकर बोर्डिंग टिकट ले लिया। घर से विमानपत्तन पहुँचाने आये लोगों को हाथ हिलाकर संकेत कर दिया कि उसका काम हो गया है। अब वह इमिग्रेशन और सेक्योरिटी जाँच से होता हुआ विमान तक चला जायेगा। घरवाले उसे देख भी नहीं पायेंगे तो उन्हें और रोके रखकर क्या करना था।

इमिग्रेशन काउंटर पर खड़े अधिकारी ने उसकी ओर देखा, "आपके पास इमिग्रेशन क्लियरेंस सर्टिफिकेट है?"

"वह क्या होता है?" उसने पूछा।

"आपने देखा नहीं कि आपके पासपोर्ट पर लिखा हुआ है—इमिग्रेशन क्लियरेंस रिक्वायर्ड। अर्थात् आपको इमिग्रेशन क्लियरेंस की आवश्यकता है।"

उसके मन में रोष जागा, "देखिये महोदय! मैं सात वर्षों से अमरीका में हूँ। कितनी ही बार आया-गया हूँ। आप मेरे पासपोर्ट से देख सकते हैं कि चार दिन पहले मलेशिया से भारत आया हूँ। अब मलेशिया लौट रहा हूँ। आज तक तो किसी ने इस प्रकार की कोई क्लियरेंस माँगी नहीं।"

"सब देख चुका हूँ।" अधिकारी ने कहा, "आप अमरीका से मलेशिया आये और वहाँ से भारत। अब भारत से मलेशिया जा रहे हैं। हमारा नियम है कि कम समझ और पढ़ाई के भारतीय मलेशिया और कुछ अन्य देशों में जाकर शोषित न हों। इसलिए हमें यह देख लेना पड़ता है कि वहाँ उनका शोषण तो नहीं होगा। यदि आप ग्रेजुएट होते तो हम आपको नहीं रोकते।"

उसने हैरानी से अधिकारी को देखा, "देखिये! मैं अमरीका मैं कम्प्यूटर नेटवर्किंग इंजीनियर हूँ। आप मेरी कम्पनी का कार्ड देख लीजिये। और कागज़ देख लीजिये। कम्पनी के काम पर ही मलेशिया आया हुआ हूँ। दो छुट्टियाँ थीं तो सोचा घर हो आऊँ। अब मलेशिया जाकर मेरा शोषण कैसे होगा?"

"आप ग्रेजुएट हैं, इसका कोई प्रमाण आपके पास है।"

"मैं आपसे कह रहा हूँ कि मैं इंजीनियर हूँ।"

"वह ठीक है। आप ग्रेजुएट हैं?"

"इस अमरीकी कम्पनी ने बिना ग्रेजुएशन के तो मुझे नेटवर्किंग इंजीनियर नहीं बना दिया।"

"वह सब ठीक है। आप ग्रेजुएट हैं?"

"हूँ।"

"अपनी डिग्री दिखाइये।"

"डिग्री मैं अपने साथ लिये तो नहीं घूमता।"

"साथ रखनी चाहिए न।"

उसे क्रोध आ गया, "आप बी.ए. पास हैं?" उसने अधिकारी से पूछा।

"हूँ।"

"तो अपनी डिग्री दिखाइये।"

अधिकारी सावधान हुआ, "यहाँ अधिकारी मैं हूँ और आप यात्री। आप मुझसे मेरी डिग्री नहीं माँग सकते। मैं आपसे माँग सकता हूँ।"

"नहीं है डिग्री।"

"घर से ले आइये।"

"इतनी देर में तो विमान उड़ जायेगा। वैसे भी मेरी डिग्री दिल्ली में नहीं, अमरीका में मेरे घर में है।" वह बोला।

"तो जाइये ले आइये।"

"आप जाने ही नहीं दे रहे।"

"नहीं! आप अमरीका जा सकते हैं।" अधिकारी बोला, "मलेशिया नहीं जा सकते।"

"क्यों? क्या अमरीका में मेरा शोषण नहीं हो सकता।"

"नहीं।" अधिकारी बोला, "और हो भी तो क्या है। अमरीकी हमारा शोषण करें, यह तो गर्व का विषय है; किन्तु मलेशिया जैसा कोई देश हमारे किसी नागरिक का शोषण करे, यह तो शर्म की बात है।"

"तो मैं क्या करूँ?"

"बी.ए. की डिग्री लाइये।"

"आप मुझे परेशान कर रहे हैं।"

"नहीं मैं आपको सम्भावित शोषण से बचा रहा हूँ।"

"दिल्ली में मेरे पास डिग्री नहीं है।"

अधिकारी को क्रोध आ गया, "अरे नहीं है दिल्ली में तो जाइये, कल कहीं से जाली डिग्री खरीद लाइये। बहुत बिकती हैं। इतना भी नहीं कर सकते तो निकालिये सौ रुपया। मैं वैसे ही आपके पासपोर्ट पर लिख देता हूँ—इमिग्रेशन क्लियरेंस नॉट रेक्वायर्ड। अर्थात् क्लियरेंस की आवश्यकता नहीं है। यह भी न होता हो तो आप अमरीका चले जाइये। मलेशिया तो आपको मैं जाने नहीं दूँगा।"

अपमान

उन्होंने अपने पुत्र के विवाह का निमन्त्रण-पत्र देते हुए, बहुत विनीत भाव से कहा, "दर्शन अवश्य दीजियेगा।"

मैं स्तब्ध रह गया। ये मुझे जिस सथान पर आमन्त्रित कर रहे थे, वह मेरे घर से बत्तीस किलोमीटर दूर था; और वे चाहते थे कि मैं उन्हें दर्शन देनेमात्र के लिए वहाँ तक जाऊँ। दिल्ली में विवाहों में बहुत शिष्टाचार नहीं रह गया है; किन्तु अतिथि की ओर से शगुन का लिफ़ाफ़ा, और आतिथेय की ओर से भोजन के आग्रह का शिष्टाचार अभी चल रहा है। पर वे तो उस पर भी बल नहीं दे रहे थे।

सहसा मेरे मुख से निकला, "दर्शन ही देने हैं, भोजन नहीं करना?"

और अपनी झेंप मिटाने के लिए मैंने निमन्त्रण-पत्र खोल लिया।

"भोजन तो आप अवश्य करें।" वे बोले, "मैं तो भारतीय परम्परा का निर्वाह कर रहा था। अब आप विवाह में हमारे घर आयें और भोजन भी न करें, यह कैसे सम्भव है।"

मैं निमन्त्रण-पत्र को देखता रहा गया। भारतीय परम्परा का निर्वाह करनेवाले सज्जन ने मुझे आमन्त्रित अंग्रेजी में किया था। मुझसे रहा नहीं गया। मैंने पूछा, "आपकी क्या मजबूरी है कि आप अपने इष्ट मित्रों तथा सम्बन्धियों को, अंग्रेजी में आमन्त्रित कर रहे हैं?"

उन्होंने मुझे कुछ इस प्रकार देखा, जैसे मैंने कोई बेहद मूर्खतापूर्ण प्रश्न कर दिया हो। नाक-भौं चढ़ाकर बोले, "अब आपने भी ऊपर से चाहे कुर्ता पहन लिया हो; किन्तु नीचे तो आप भी जींस ही पहने हुए हैं।"

मैं उनका अभिप्राय समझ रहा था; उनके अनुसार मैं हिन्दी में निमन्त्रण-पत्र छपवाने का आग्रह तभी कर सकता था, जब मैं लाँगवाली धोती बाँधता।

"मुझे धोती बाँधने का अभ्यास नहीं है; किन्तु न तो मुझे धोती बाँधनेवालों से कोई वितृष्णा है; और न मैं उनकी अवमानना ही करता हूँ।" मैंने कहा, "आप अपनी भाषा की अवमानना कर रहे हैं।"

उन्होंने अपने सारे दाँत एक साथ ही दिखा दिये, "अब मैं कोई हिन्दीवाला तो हूँ नहीं।"

"तो हिन्दीवाला कौन होता है?" मैंने पूछा।

"जो स्कूल-कॉलेजों में हिन्दी पढ़ाता है।"

उनका कथ्य स्पष्ट था कि मैं हिन्दी पढ़ाता हूँ, अतः मैं हिन्दीवाला हूँ; इसलिए मुझे हिन्दी में काम करना चाहिए। वे सेब बेचते हैं, अतः वे सेबवाले हैं, तो वे क्यों हिन्दीं में काम करेंगे। सेबवाला तो अंग्रेजी में ही काम करता है।

"हिन्दीवाले आप हैं।" अन्ततः मैंने कहा, "आपकी मातृभाषा हिन्दी है। मैं न तो जन्म से हिन्दीभाषी हूँ, न शिक्षा-दीक्षा से।"

उन्होंने मुझे अत्यन्त वक्र दृष्टि से देखा, जैसे मैंने उन्हें हिन्दीवाला प्रमाणित कर कोई अत्यन्त अपमानजनक गाली दे दी हो। बोले, "ठीक है साहब! यदि हम हिन्दीवाले हैं, तो फिर हम आपसे शुद्ध हिन्दी में ही वार्त्ता करेंगे।" उन्होंने रुककर मेरी ओर देखा, जैसे मुझे गोली मारनेवाले हों, "आपके घर में मुझे एक चषक शीतल पेय मिलेगा?"

मैं समझ रहा था, वे मुझसे सहमत नहीं थे। वे इस समय चाहे हिन्दी के शब्द बोल रहे थे, किन्तु वे मुझसे हिन्दी में वार्त्तालाप नहीं कर रहे थे। वे मेरा अपमान करने का प्रयत्न कर रहे थे, मुझे उपहास का पात्र बनाकर।

मुझे उन पर बहुत दया आयी। वे क्या जानते थे कि वे मेरा अपमान नहीं कर रहे थे, अपनी माँ का अपमान कर रहे थे।...और एक मूर्ख व्यक्ति इसके सिवाय और कर ही क्या सकता था।

[रचना : 6.12.95]

फाइल में

रामलुभाया ने पत्र देखा और घबरा गया। उसने घंटी बजाकर तत्काल अपने सचिव को बुलाया।

"यह क्या है?" उसने कागज़ अपने सचिव की ओर बढ़ा दिया।

सचिव ने शान्त मन से कागज़ देखा और पूछा, "यह आपके पास कैसे आ गया?"

"क्या मतलब?"

"ऐसा कूड़ा मैं आप तक आने ही नहीं देता। यह इस मूर्ख चपरासी के कारण यहाँ तक आ गया।"

"यह कूड़ा नहीं है।" रामलुभाया ने कहा, "यह महिला आयोग का पत्र है। एक प्रकार का कानूनी नोटिस है।"

"होगा।"

"होगा से क्या तात्पर्य है तुम्हारा।" रामलुभाया ने कहा, "महिला आयोग एक प्रकार का न्यायालय है। उनके नोटिस का उत्तर न देने पर वे लोग हमें इस अवमानना के लिए दंडित भी कर सकते हैं।"

"क्यों? अब तक कितनी बार दंडित कर लिया उन्होंने?"

"क्या मतलब?"

"नोटिस तो इससे पहले भी कितने ही आ चुके हैं।"

"तो तुमने मुझे दिये क्यों नहीं?"

"आवश्यक नहीं समझा।" सचिव बोला, "मैंने सब फाइल कर दिये।"

"पर क्यों?"

"अरे साहेब बेकार की बातें लिखते रहते हैं ये लोग?" सचिव ने कहा, "हमने अपनी किस महिला कर्मचारी को कितनी छुट्टी दी और कितनी नहीं दी, इससे उनका क्या लेना-देना। कर्मचारी हमारी है, हम छुट्टी दें न दें, कोई हमारा क्या कर लेगा।"

"किन्तु नियमानुसार हमें उसे प्रसूति अवकाश देना चाहिए। यह उसका कानूनी अधिकार है।"

"उसने हमें नियमानुसार सुविधाशुल्क क्यों नहीं दिया—वह हमारा अधिकार है।" सचिव ने कहा, "मैंने उसे कितना समझाया कि चुपचाप अपने वेतन का पच्चीस प्रतिशत मुझे दे दो और पूरी छुट्टी ले लो किन्तु वह नहीं मानी।"

"तो तुमने रिश्वत माँगी?"

"माँगी।"

"तुम जेल जाओगे।"

"कौन भेजेगा?"

"पुलिस।"

"क्यों पुलिस रिश्वत नहीं लेती क्या?"

"मूर्ख हो तुम!"

"मूर्ख तो आप हैं।" सचिव बोला, "जो महिला आयोग के भेजे हुए कागज़ के एक टुकड़े से डर गये।"

"तो इस समन का क्या करूँ?" रामलुभाया ने पूछा।

"रद्दी की टोकरी में डालिये; और बहुत सम्मान करना चाहते हैं तो फाइल कर दीजिये।"

"उत्तर नहीं दिया तो पुलिस आयेगी।"

"नहीं आयेगी।" सचिव निश्चित था, "ये लोग उन्हें लिखेंगे तो वे भी इनके कागज़ को रद्दी की टोकरी में डाल देंगे।"

"यह सब क्या है?" रामलुभाया बौखला गया, "कल को मन्त्री का पत्र आ गया तो?"

"उसे भी फाइल कर दीजियेगा।"

"परिणाम जानते हो?"

"परिणाम तो नहीं किन्तु परम्परा जानता हूँ।"

"क्या है परम्परा?"

"मन्त्रालय को लिखे गये सारे पत्र फाइल कर दिये जाते हैं।" सचिव बोला, "आज तक आपको अपने किसी पत्र का उत्तर मिला?"

"यह सत्य नहीं है।"

"यही सत्य है।" सचिव बोला, "सचिव लोग कोई फोन मन्त्री तक नहीं पहुँचने देते। उनको उसी का वेतन मिलता है। आप पत्र लिखें, कोई पत्र मन्त्री

तक नहीं पहुँचता। सब फाइल कर दिये जाते हैं। उनके क्लर्कों को इसी का वेतन मिलता है।"

"तुम्हारा तात्पर्य है कि मन्त्री कोई फोन नहीं सुनता। कोई पत्र नहीं पढ़ता?"

"नहीं! ऐसा तो मैंने नहीं कहा।" सचिव ने उत्तर दिया, "मन्त्री सुनता है किन्तु केवल प्रधानमन्त्री के कार्यालय से आये फोन। मन्त्री पढ़ता है किन्तु केवल प्रधानमन्त्री के कार्यालय से आया पत्र। शेष सब कुछ कार्यालय की फाइलों में बन्द हो जाता है। आप कार्यालय की परम्परा को नहीं जानते तो मैं क्या करूँ।"

"यह सत्य है?"

"यही परम सत्य है श्रीमन्!" सचिव ने कहा, "यदि कहीं मन्त्री महोदय को पता लग गया कि आप महिला आयोग के छोटे-मोटे नोटिसों को पढ़ते हैं और उस पर कार्यवाही करते हैं तो आप तत्काल अपदस्थ कर दिये जायेंगे। आप तो कार्यालयीय परम्परा पर भारी कलंक हैं।"

सचिव अपना क्रोध दर्शाने के लिए पैर पटकता हुआ कमरे से निकल गया।

लक्ष्य

"मैं मानता हूँ कि कारगिल में पाकिस्तानी आक्रमण की जानकारी नवाज शरीफ को नहीं थी।" रामलुभाया बोला, "तुम्हारा क्या विचार है?"

मैंने आश्चर्य से उसकी ओर देखा। आज प्रातः ही वह कौन-सी समस्या लेकर मेरे सिर पर सवार हो गया है।

"कुछ बोलते क्यों नहीं।" उसने मुझे घूरकर देखा, "नवाज शरीफ को ज्ञात था या नहीं?"

"एक देश के रूप में हमें इससे क्या अन्तर पड़ता है कि पाकिस्तान में इस आक्रमण के विषय में किसको जानकारी थी किसको नहीं थी।" मैंने भी उसी के अनुरूप आक्रामक मुद्रा अपनायी, "आक्रमण, आक्रमण ही रहेगा और पाकिस्तान हमारा शत्रु ही रहेगा।"

"वह तो ठीक है किन्तु उसका विलेषण तो होना चाहिए न।" वह धैर्यपूर्वक बोला।

"विश्लेषण तो इसका होना चाहिए कि हम किस प्रकार उसे आक्रमण करने में असमर्थ कर सकते हैं।" मैंने कहा, "मुझे ये सारे प्रश्न अपने सन्दर्भ में अनावश्यक लगते हैं कि पाकिस्तान में कौन कितना बड़ा अपराधी है।"

"यही तो दोष है तुममें।" वह बोला, "विश्लेषण और संवाद नहीं करते तुम। बस एक धारणा बना लेते हो और उस पर जम जाते हो।"

"नहीं! ऐसी कोई बात नहीं है।" मैंने कहा, "मेरे मन में भी अनेक प्रश्न हैं। मैं भी उनका समाधान खोज रहा हूँ। स्थितियों का विश्लेषण कर रहा हूँ।"

"तुम्हारी क्या समस्या है?" उसने मेरा उपहास-सा करते हुए पूछा।

उसका खून खून है और मेरा खून पानी के तौल पर ही उसकी धारणा थी कि उसकी समस्या तो समस्या है, और मेरी समस्या चुटकुला।

"इस युद्ध में हम विजयी हुए हैं। फिर भी अनेक लोग युद्ध की अवधि में और उसके पश्चात् भी देश में शौर्य के वातावरण का निर्माण न कर, शोक की स्थिति बनाने में इतनी रुचि क्यों ले रहे हैं?"

"शोक ही स्थिति तो है ही।" वह बोला, "हमारे इतने सैनिक मारे गये हैं।"

"बिना रक्त दिये, संसार में कभी कोई युद्ध जीता भी गया है?" मैंने पूछा।

"नहीं!" वह बोला।

"तो हम रक्त बहाने से पीछे हट जायें और शत्रु को देश पर अधिकार करने दें, ताकि वह शताब्दियों तक हमारा रक्त बहाता रहे?"

"नहीं! यह तो मैंने नहीं कहा।" वह बोला।

"तो फिर प्रश्न यह है कि हम बलिदान को गर्व का विषय बनायें या रुदन का?"

"तुम्हारे घर से कोई नहीं मरा, इसलिए ऐसी बातें कर रहे हो।" वह चिढ़कर बोला।

"तो यह सारा विषय केवल उन्हीं घरों का है, जहाँ से किसी सपूत ने अपना बलिदान दे दिया है?"

"नहीं! ऐसा तो नहीं है।" वह बोला, "यह तो सारे देश का मामला है।"

"तो फिर तुम यह प्रश्न क्यों उठा रहे हो कि मेरे परिवार से कोई बलिदान हुआ या नहीं।" मैंने उसे डाँटा, "वैसे प्राण तो तुम्हारे घर से भी किसी ने नहीं दिये हैं।"

"पर यह तो ध्यान रखना ही चाहिए कि जो शहीद हुए हैं, उनके परिवारों को पीछे कष्ट न उठाना पड़े।"

"इससे कोई कैसे असहमत हो सकता है।" मैंने कहा।

"तो फिर हमें यह पूछने का तो अधिकार है कि देश ने उन शहीदों के लिए क्या किया।" वह बहुत आक्रामक हो चुका था।

"तो मुझे भी यह पूछने का अधिकार है कि तुम्हारी बुद्धि बलिदानियों, अपने देश के सैनिकों, आजीविका के लिए सैन्यकर्म करनेवाले कर्मचारियों और किराये के हत्यारों में अन्तर कर भी सकती है या नहीं।" मैंने कहा, "जो लोग पहले दिन से जानते थे कि वे लोग अपने देश की रक्षा के लिए वर्दी पहन रहे हैं, वे अपने देश के सम्मान के रक्षक हैं, क्या वे भी पूछते हैं कि हमारे बलिदान के बदले हमें क्या दिया जायेगा? अपनी माँ की रक्षा के लिए भी कोई सौदा करता है क्या?"

"पर उनका ध्यान तो रखा जाना चाहिए।"

"अवश्य रखा जाना चाहिए।" मैंने कहा, "देश अपने बलिदानियों का कृतज्ञ है। वह अपनी कृतज्ञता अपने आचरण में भी प्रकट करेगा। किन्तु न तो उससे तुम जैसे लोगों को यह अधिकार मिल जाता है कि तुम निराधार शोर मचाकर

सैनिकों का मनोबल गिराओ और देश को कलंकित करो। न बलिदानियों के परिवारों को दुखी करने का तुम्हें कोई अधिकार है और न ही उनके मन में लोभ जगानेवाले प्रस्तावों से समाज में असन्तोष फैलाने का।"

"यह हमने कब किया है?" वह तड़पकर बोला।

"तब से वही कर रहे हो।" मैंने कहा, "कभी माँग उठाते हो कि बलिदानियों के परिवारों को पेट्रोल पम्प दिये जायें, कभी गैस की एजेंसी दी जाये। कल को कहोगे कि उनके परिवारों को जागीरें दी जायें। बलिदान का कोई मूल्य नहीं होता रामलुभाया! अन्यथा वह बलिदान नहीं रहता।"

"क्यों स्वतन्त्रता सेनानियों ने पुरस्कार नहीं लिये?"

"वैसे तो मैं यह भी कह सकता हूँ कि स्वतन्त्रता सेनानियों के लिए न कोई वेतन था और न ही कोई पेंशन। उन्होंने स्वतन्त्रता संग्राम में कूदने से पहले कोई अनुबन्ध नहीं किया था देश से।" मैं बाला, "पर वह सब नहीं कहना चाहता मैं।"

"तो क्या कहना चाहते हो?"

"यह कि जो स्वतन्त्रता सेनानी था, उसने कभी देश से कुछ माँगा नहीं, दिया ही दिया है।" मैं बोला, "और जो देश को निचोड़ रहा है, वह स्वतन्त्रता सेनानी है ही नहीं।"

"तुम तो व्यर्थ की बातों में पड़ गये।" सहसा रामलुभाया ने अपना पल्ला झाड़ लिया, "यह बताओ कि नवाज शरीफ को इस आक्रमण के विषय में ज्ञान था या नहीं।"

"तुम्हें इस प्रश्न में इतनी रुचि क्यों है?"

"भैया चुनाव आ रहा है। जाने किसको किससे गठजोड़ करना पड़ जाये।" वह बोला, "सीमा पार के लोगों के विषय में अपनी धारण स्पष्ट कर लें। क्या पता कभी उनसे ही गठजोड़ करना पड़ जाये। कभी उनके साथ साझा सरकार ही बनानी पड़ जाये। सेकुलरवाद के नाम पर उनसे और उनके देसी गुर्गों से सहायता तो कभी भी ली जा सकती है।"

"किन्तु पाकिस्तान तो न धर्म-निरपेक्ष है, न पन्थ-निरपेक्ष। वह तो शुद्ध रूप से मुसलिम देश है।"

"वही तो। वही तो।" रामलुभाया उछल पड़ा, "पाकिस्तान सेकुलर होता तो उससे सहानुभूति रखकर हम कैसे सेकुलर कहला सकते थे। सेकुलर तो हम तभी हैं, जब हम अपने शत्रु एक कट्टरपन्थी देश के प्रति सहानुभूति दिखाते रहें और अपने देश के हितों के विरुद्ध काम करते रहें।"

(21.7.1999)

सेकुलर फोर्सेस

वे इन दिनों कुछ आधेक ही सेकुलर हो गये थे। मैं भी प्रसन्न था कि उससे और कोई लाभ हो या न हो, धर्मान्धता और धर्मोन्माद तो कम हो ही जायेगा। वे तर्क सुन सकेंगे और किसी न्यायपरक समझौते पर पहुँच सकेंगे।

"हम तो सेकुलर फोर्सेस के साथ हैं।" उन्होंने घोषणा कर दी।

मेरी समझ में यह नहीं आता कि वे सर्वधर्म-समभाव अथवा सांसारिकता की बात करते ही अंग्रेजी शब्दावली पर क्यों उतर आते हैं। शायद उन्हें लगता है कि अंग्रेजी बड़ी सेकुलर भाषा है।

"तो फिर आपकी और हमारी मित्रता हो सकती है।" मैंने कहा।

"कैसे हो सकती है।" उन्होंने कहा, "जब तक हमारे मतभेद के मुद्दे सुलझ न जायें, तब तक हमारी मित्रता कैसे हो सकती है।"

"क्या हैं मतभेद के मुद्दे?"

"उर्दू को उसका स्थान दो।"

"क्या तात्पर्य है आपका?"

"उर्दू को उसका स्थान दो।" वे जोर से बोले, "सुनायी नहीं पड़ता। उर्दू को उसका स्थान दो।"

"देखिये, यदि आप सेकुलर हैं तो यह मत कहिये कि उर्दू को उसका स्थान दो।" मैंने भी कुछ साहस कर कह ही दिया, "यह सेकुलर नहीं, धार्मिक मुद्दा है। यदि आप सेकुलर हैं तो कहिये कि भारत की सारी भाषाओं को उनका स्थान दो।"

"वही कह रहा हूँ मैं।" वे बोले, "उर्दू भारत की भाषा है, उसे उसका स्थान दो।"

"मैं कह रहा हूँ कि भारत की सारी भाषाओं को उनका स्थान दो।" मैंने दोहराया, "कश्मीरी को उसका स्थान दो। डोगरी को उसका स्थान दो। लद्दाखी को उसका स्थान दो। जम्मू और कश्मीर में उर्दू का क्या काम है? पिछले पचास वर्षों से आपने कश्मीरी, डोगरी और लद्दाखी पर उर्दू थोप रखी है।"

"मैं उर्दू को उसका स्थान दिलाने की बात कर रहा हूँ और तुम उसे हटाने

की बात कर रहे हो। इसी से तुम्हारा और हमारा कोई समझौता नहीं होता।" वे बोले, "चलो उत्तर प्रदेश में उर्दू को उसका स्थान दो।"

"उत्तर प्रदेश में किन जिलों की भाषा उर्दू है?" मैंने पूछा, "सब तो हिन्दी की बोलियाँ हैं...अवधी, ब्रज...।"

"उत्तर प्रदेश के मुसलानों की भाषा उर्दू है।" वे बोले।

"क्यों वे उत्तर प्रदेश के किसी जिले में नहीं बसते? वे उर्दूस्तान में बसते हैं?"

"देखो, तुम्हारी बकवास मैंने बहुत सुन ली।" वे रुष्ट हो गये, "पाकिस्तानवालों ने पंजाबी, बलूची, सरायकी, सिन्धी, कश्मीरी और पश्तो को एक तरफ धकेलकर उर्दू को जो स्थान दिया है, वह गर्व की बात है। हम चाहते हैं कि वही बात भारत में भी हो।"

"पाकिस्तान की सरकार ने प्रदेश के आधार पर नहीं, धर्म के आधार पर उर्दू को स्वीकार किया है।" मेरा स्वर भी आवेश में कुछ ऊँचा उठा, "उन्हें अपनी प्रादेशिक भाषाओं से भय लगता है, क्योंकि वे अधिकांशतः संस्कृत से विकसित हुई हैं। और पाकिस्तान की सरकार संस्कृत को अपने इतिहास का अंग नहीं मानना चाहती।"

"क्यों? पर क्यों?"

"क्योंकि वे भी आपके ही समान सेकुलर हैं।"

"वही तो।" वे प्रसन्न हो गये, "यही तो मैं चाहता हूँ कि हम पाकिस्तान से सेकुलर होने का आदर्श सीखें। उनके समान इस्लाम के सिवाय सारे धर्मों को नष्ट कर दें। उन्होंने अपने क्रिकेट के खिलाड़ी यूसुफ योहाना को ईसाई से मुसलमान बना लिया है। यदि हम भी अपनी टीम के सारे हिन्दुओं को मुसलमान बना देते तो पाकिस्तान से हमारी कब से मित्रता हो जाती।"

"आपको हमारी मित्रता नहीं चाहिए, पाकिस्तान की मित्रता चाहिए—मूल्य चाहे कुछ भी क्यों न हो?"

"पाकिस्तान कितना प्यारा देश है।" वे आनन्दविभोर थे, "वहाँ हिन्दुओं की एक नहीं चलती। उन्होंने तो अपनी सीमाओं के पार जाकर बाम्नियान में बुद्ध की प्रतिमाएँ तुड़वा दीं। हम तो ऐसा कुछ भी नहीं कर पाये।"

"हमसे मित्रता की आपकी दूसरी शर्त क्या है?" मैंने पूछ ही लिया।

"अयोध्या में मसजिद बनवा दो। मित्रता हो जायेगी।"

"भारत के संविधान को हटाकर उसके स्थान पर शरीयत का कानून लागू कर दिया जाये, तो कैसा रहेगा?" मेरे होंठ कुछ वक्र हो उठे थे।

"वह तो सबसे बेस्ट रहेगा।" उनकी बाछें खिल गयीं, "चाहता तो मैं भी

यही था किन्तु कहने का साहस नहीं कर पा रहा था। एक बार ऐसा हो जाये तो भारत की भूमि पर खड़े सारे मन्दिर तुड़वा दूँगा, रामलला के दर्शनार्थियों को गोलियों से उड़ा दूँगा; और टूटी हुई सारी मसजिदें बनवा दूँगा।"

"एक काम और करना।"

"क्या?"

"अपना नाम मौलाना मोहिनुद्दीन मुहम्मद औरंगजेब आलमगीर रख लेना। हिन्दुओं पर जजिया ठोंक देना।" मैंने कहा, "अपने अब्बा मियाँ को कारागार में डाल देना और अपने सारे भाइयों का वध कर देना।"

इस्लामीकरण

मुफ्ती और अब्दुल्ला में विवाद छिड़ गया। "देखो," मुफ्ती ने कहा, "मैं सारे कश्मीर में प्रचारित कर दूँगा कि तुम हिन्दुओं के हिमायती हो। एक वोट नहीं मिलेगा और आतंकवादी अलग तुम्हारे शत्रु हो जाएँगे।"

"क्यों? क्या किया है मैंने?" अब्दुल्ला ने कहा, "शंकराचार्य पर्वत का नाम बदल कर 'कोहेसुलेमान' तो कर दिया। अब और क्या चाहते हो? हम सात सौ गाँवों के कश्मीरी नामों का इस्लामीकरण कर चुके हैं, जैसे वे गाँव कश्मीर में न हों, सऊदी अरब में हों।"

"पर मैं तो अनंतनाग का नाम इस्लामाबाद करना चाहता हूँ।" मुफ्ती ने कहा।

"पर इस्लामाबाद तो पाकिस्तान की राजधानी है।"

"हुआ करे।" मुफ्ती ने नाक सिकोड़ कर कहा, "और मुझे ये 'राजधानी' 'वाजधानी' जैसे अल्फाज एकदम पसन्द नहीं हैं। उसे 'दारुलहुकूमत' कहा करो। और श्रीनगर के लिए भी मक्का मदीना जैसा कोई अच्छा सा नाम सोच लो।"

"धीरे धीरे चलो। सब कुछ हो जाएगा।" अब्दुल्ला ने कहा।

"मैं धीरे नहीं चलता हूँ।" मुफ्ती बोला, "तुमने देखा नहीं, मैंने पाकिस्तानी आतंकवादियों को रिहा करवाने के लिए अपनी बेटी को अगवा करवा दिया था।"

"जानता हूँ। जानता हूँ।" अब्दुल्ला ने कुछ रोष से कहा, "पड़ोस की मस्जिद में जा बैठी थी। बड़ा अगवा करवा दिया था। वैसे कहोगे कि महबूबा पर आतंकी हमले भी हुए। पर हर बार गरीब अंगरक्षक ही मारे गये। तुम्हारी बेटी को तो कभी खरोंच तक नहीं आयी। तुम्हारा फ्रॉड कौन नहीं जानता।"

"जो जानते हो, जानते रहो। उससे मेरा कुछ नहीं बिगड़ता। अब जो मैं चाहता हूँ, वह सुनो, नहीं तो तुमपर भी आतंकी हमले हो जाएँगे।"

"क्या चाहते हो?"

"कश्मीर की असेम्बली में प्रधानमन्त्री न कहा जाए, उसे वजीरेआजम

कहा जाए।''

"ठीक है। इसमें मेरा क्या बिगड़ता है।''

"हमें इस्लामीकरण की इस मुहिम को आगे बढ़ाना है।'' मुफ्ती ने कहा।

"हम मनमोहन सिंह नहीं कहेंगे, उसमें हिन्दूपन की बू आती है।''

"हिन्दूपन क्या है उसमें?''

"मनमोहन तो कृष्ण का नाम है।''

"तुम कैसे जानते हो?'' अब्दुल्ला ने पूछा।

"आखिर तो हमारे पूर्वज भी पंडित हो थे।'' मुफ्ती ने कहा।

"हम इस बात को मिटा नहीं सकते?''

"भुला सकते हैं, मिटा नहीं सकते।''

"हम अपने आपको पठानों की औलाद मान सकते हैं।''

"मान सकते हैं, पर उनके पूर्वज भी तो हिन्दू ही थे।'' मुफ्ती ने कहा, "उस बात को छोड़ो। जितना पीछे की तरफ चलोगे, उतनी ही मुश्किल में पड़ोगे। मनमोहन को अगर हम 'दिलरुबा' कहें तो? उस लफ्ज का मतलब वही होता है।''

"और सिंह का क्या करोगे?''

"सिंह को खान कहेंगे।'' मुफ्ती ने कहा, "कश्मीर की असेंबली में मनमोहन सिंह को दिलरुबा खान या महबूब खान ही कहा जाएगा।"

"मेरा खयाल है कि मनमोहन सिंह उससे खुश ही होगा, पर राहुल गाँधी का क्या करोगे।" अब्दुल्ला ने कहा, "हमारी सरकार में कांग्रेसी भी हैं।"

" 'राहुल' को तो 'रहमतुल्ला' ही कहा जाना चाहिए। राहुल का कोई मतलब नहीं है। वह तो अल्लाह की रहमत है।''

"और कांग्रेसी न माने तो?''

"तो हमारे आतंकी किस दिन काम आएँगे। सारे कांग्रेसियों को ठां कर देंगे।'' मुफ्ती ने कहा, "तुम अपनी बात करो। हमारा साथ दोगे या तुम्हें भी ठां कर दें।''

"नहीं। नहीं। मैं तो तुम्हारे साथ हूँ चाहे तुम सोनिया गाँधी का नाम आयशा बेगम कर दो।'' अब्दुल्ला ने कहा, "पर तुमने पता कर लिया है न कि 'सुलेमान' मुसलमान ही थे, यहूदी तो नहीं थे?''

(9.3.2009

काला धन : गोरा तन

"यह सरकार बड़ी राक्षस है।" भोलाराम ने कहा, "देखो तो अहिंसक अनशन करने वालों पर खर, दूषण और त्रिशिरा की सेना के राक्षस छोड़ दिए।"

रामलुभाया जोर से हँसा, "सरकार तो राक्षस है ही; पर बाबा कितने भोले हैं, यह नहीं देखा तुमने। 'इस सादगी पर कौन न मर जाए ऐ खुदा, लड़ते हैं और हाथ में हथियार भी नहीं।'"

"वे हथियार ले कर लड़ने नहीं गये थे।" भोलाराम कुछ तीखे स्वर में बोला, "वे गाँधी जी के समान अहिंसक अनशन करने गये थे।"

"तो सोनिया गाँधी ने सिद्ध कर दिया न कि गाँधी जी के अनशन का तरीका एकदम गलत और अव्यावहारिक है।" रामलुभाया बोला, "अहिंसक अनशन के नाम पर रात को डेढ़ बजे पुलिस आती है। लाठी और गोली का सहारा लेती है। दिन भर के अनशन के बाद भूखे सोए हुए बूढ़े और बच्चों को, स्त्रियों और पुरुषों को मार-मार कर खदेड़ देती है। जिनकी हड्डियाँ टूट जाती हैं और जो चल नहीं सकते, उन्हें घसीट कर कहीं फेंक आती है..."

"पर पुलिस रात को ही क्यों आती है?" भोलाराम ने कहा, "दिन में भी तो आ सकती है।"

"दिन में लोग जाग रहे होते हैं।" रामलुभाया ने कहा, "वे अपना बचाव कर सकते हैं। दिन में यह भी पता लग जाता है कि पुलिस ने किन-किन शस्त्रों का सहारा लिया। कितने लोग घायल हुए। कितने मारे गये। दिन में अस्पतालों में भी भीड़ होती है और श्मशान में भी।"

"पुलिस वालों को चाहिए कि अपनी सुविधा के लिए पुलिस लाइन में ही एक श्मशान बनवा लें। जितनों को चाहें मारें, जितनों को चाहें जलाएँ। न किसी को पता चलेगा कि कितने पुलिस वाले मरे, न यह पता चलेगा कि कितने नागरिक मरे।"

"विचार तो अच्छा है, जाने अब तक के किसी गृह मन्त्री को सूझा क्यों नहीं।"

"पर तुमने बाबा को भोला क्यों कहा?'' भोलाराम ने पूछा।

"अरे सीधी सी तो बात है।'' रामलुभाया हँसा, "मनमोहन सिंह ने बाबा को पिछले दरवाजे से अपने घर बुलाया। बाबा ने मना कर दिया। बोले, सामने के फाटक से आएँगे। पीछे बने नौकरों के क्वाटरों के बीच से क्यों आएँ? मनमोहन सिंह ने समझाया, सामने के फाटक से आये तो पत्रकार भी साथ आ जाएँगे। कैमरे आ जाएँगे। चुपचाप पीछे से आ जाओ।

बाबा मान गये। मनमोहन सिंह ने पूछा, ''अब बताओ, क्या कष्ट है तुम्हें। अच्छा-खासा खाने-पीने को मिल रहा है। रोटी भी खा रहे हो और च्यवनप्राश भी; फिर क्यों अनशन करना चाहते हो?''

"मैं चाहता हूँ कि देश और विदेश में छिपाया गया सारा काला धन राष्ट्रीय सम्पत्ति घोषित किया जाए और भ्रष्टचारी तथा काले धनिकों को मृत्यु दंड दिया जाए।''

मनमोहन सिंह ने बड़े ध्यान से बाबा को देखा और बोले, "बड़े भोले हो बाबा। मेरे पास यह कहने आये हो कि मैं स्वयं अपने लिए, अपनी मालकिन के लिए और मालकिन के दासों के लिए मृत्युदंड की घोषणा कर दूँ। ऐसा भी कभी हुआ है क्या? तुम तो हमारा हाल भी करुणानिधि के समान कर देना चाहते हो।''

बाबा उचक पड़े, "अरे नहीं सिंह साहब। मैं ऐसी माँग कैसे कर सकता हूँ। आप तो भले आदमी हैं। आपकी पार्टी के एक सचिव ने तो आपको संन्यासी ही कह दिया है। मैं तो काले धनिकों की बात कर रहा हूँ, उन्हें फाँसी दीजिए।''

"आप समझ नहीं रहे हैं; किन्तु बात तो एक ही है न।'' मनमोहन सिंह ने कहा, "आप काले धनिकों को फाँसी चढ़ाएँगे, तो आखिर चढ़ेंगे तो हम ही न।''

"आप क्यों सिंह साहब। आप तो देश के प्रधानमन्त्री हैं। आप क्यों फाँसी पर चढ़ेंगे।''

"अरे आप समझ क्यों नहीं रहे हैं योगी महाराज।'' मनमोहन सिंह झुंझला गये, "काले धनिक फाँसी चढ़ेंगे, तो आप क्या समझते हैं कि काला धन आपके बाप का है।... विचित्र आदमी हैं आप। हमारे ही पास चले आये कि काले धनिकों को फाँसी पर चढ़ा दो। आपको किस बात से लगता है कि हम आत्महत्या कर लेंगे?''

(7.6.2011

खाली करने वाले

मैं समय से स्टेशन पहुँच गया था। गाड़ी प्लेटफॉर्म पर लग तो गयी थी; किन्तु अभी उसकी सफाई हो रही थी। सफाई कर्मचारी ने दरवाज़ा बन्द कर रखा था; इसलिए अन्दर घुसना सम्भव नहीं था। इच्छा तो हुई कि उससे कहूँ कि भैया तुम अपना काम करते रहो, किन्तु मुझे अपने स्थान पर बैठ जाने दो। न मैं तुम्हारे लिए कोई बाधा उत्पन्न करूँगा, न तुम मेरे लिए कोई परेशानी पैदा करो। पर मेरी सारी अनुनय विनय को उसने शान्त मन से सुना और मुसकरा कर बोला, "साब! सफाई कर लेने दो। झाड़ू के आक्रमण को आप झेल नहीं पाएँगे। उड़ती धूल में बैठना सम्भव नहीं है। वैसे भी, आप बैठ गये तो और लोग भी आ जाएँगे। और तब मैं सफाई कर नहीं पाऊँगा। मैं डब्बे की पूरी सफाई किए बिना उतर गया तो फिर आप ही शिकायत पुस्तिका मँगाएँगे और साहब बन कर उसमें लिखेंगे कि रेलवे में आजकल सफाई नहीं होती।"

तर्क तो मेरे मन में भी बहुत सारे थे। मैं कहना चाहता था कि गाड़ी की सफाई यार्ड में क्यों नहीं होती। गाड़ी प्लेटफॉर्म पर लग जाती है, तब तुम लोग सफाई करने आते हो। पहले सो रहे थे क्या। और फिर डब्बा खोलोगे तो उधर से गाड़ी चलने के लिए सीटियाँ बजाने लगेगी। गार्ड हरी झंडी लहराने लगेगा। यात्रियों में ऐसी भगदड़ मचेगी कि अच्छे भले सभ्य लोग भी जानवर हो जाएँगे। आखिर तुम लोग क्यों नहीं चाहते कि लोग आराम से भले लोगों के समान, गाड़ी में प्रवेश करें। शान्ति से मुस्कराते चेहरों से अपने स्थान पर पहुँचें और सुखी मन से अपनी शायिका पर बैठ जाएँ।...

पर यह सब मैंने कहा नहीं। प्लेटफॉर्म पर खड़ा प्रतीक्षा करता रहा। जब गाड़ी चलने में केवल दस मिनट रह गये तो उसने बड़ी कृपापूर्वक कपाट खोल कर हाँक लगाई, "आ जाइए साब! डब्बा तैयार है।"

धक्कामुक्की तो होनी ही थी। हुई। अन्ततः मैं अपनी शायिका तक पहुँचा और हाँफता हुआ उसपर बैठ गया। जब श्वास कुछ नियमित हुआ तो उसपर बिस्तर बिछाया और लेटने की सोच ही रहा था कि एक साहब आ गये, "आप हाँ क्या कर रहे हैं?"

"यह मेरा स्थान है।"

"स्थान आपके बाप का है।" वे बड़े सहज भाव से बोले, "मुझे रेलवे

वालों ने ऊपर वाली शायिका दे दी है और मुझे वह पसन्द नहीं है।''

''तो?''

''तो क्या!'' वे बिफर गये, ''नीचे वाली शायिका खाली कीजिए। यहीं टिके रहना चाहते हैं तो ऊपर वाली शायिका पर चले जाइए। नहीं तो टी. सी. से कह कर कोई और स्थान ले लीजिए।''

मैंने चकित भाव से उन्हें देखा। ऐसा नहीं है कि आजतक मैंने कभी अपनी शायिका न बदली हो, पर वह तो परस्पर समझौते से होता है। कोई प्रार्थना करता है, कोई याचना करता है, पर ये तो...

''यह कोई शराफत है?'' मैंने कहा।

''शराफत! कभी शराफत से भी कोई स्थान खाली हुआ है?'' वे बोले, ''हमको तो खाली कराने का यही तरीका आता है।''

''मैं तो खाली नहीं करूँगा।''

''आपके फरिश्ते भी करेंगे।'' वे बोले, ''आपका सामान उठा कर बाहर फेंक दूँगा, तो खाली करेंगे या नहीं।''

''आप समझते हैं कि मैं आपका विरोध नहीं करूँगा।'' मैंने कुछ तेजस्वी स्वर में कहा, ''चुपचाप सह लूँगा, सब कुछ?''

''आजतक तो सहते ही आये हैं। कभी विरोध नहीं हुआ। '' वे पूर्णतः आश्वस्त थे।

''क्या मतलब?''

''आप ने ईरान खाली किया तो विरोध किया?'' वे मुसकरा रहे थे, ''अफगानिस्तान खाली किया तो कोई आपत्ति की?''

''मैं समझा नहीं।''

''अभी समझाता हूँ।'' वे बोले, ''1947 में पख्तूनिस्तान, बलूचिस्तान, सिंध, आधा पंजाब और आधा बंगाल खाली किया। कोई विरोध किया आपने?''

''जी!''

''स्वतन्त्रता के पश्चात् अपनी सेनाओं की छाया में आपने कश्मीर खाली किया।'' वे मुसकरा रहे थे, ''कोई विरोध किया आपने?''

मेरे मुख से एक शब्द भी नहीं निकला। फटी फटी आँखों से उन्हें देखता रहा।

''वह तो पता नहीं कैसे क्या हो गया, नहों तो एक दो गोधरा के पश्चात् आप गुजरात भी बिना किसी आपत्ति के खाली कर देते।''

मैं चकित भाव से उनकी ओर देखता रह गया। सत्य का यह रूप तो मेरे सामने कभी प्रकट हुआ ही नहीं था।

(31.12.2005

झंडा ऊँचा रहे हमारा

प्रधानमन्त्री काफी घबराए हुए से थे।

उनकी पत्नी ने पति के मुरझाए हुए चेहरे को देखा तो पूछे बिना नहीं रह सकीं, "क्या हुआ? इतने विचलित से क्यों दिख रहे हैं?"

"विचलित। अरे हाँ तो चलित की वेला आ गयी लगती है।" प्रधानमन्त्री के कंठ से घुटा-घुटा सा स्वर निकला, "आज तो यहाँ बैठे हैं, कल जाने कहाँ होंगे।"

"किन्तु प्रधानमन्त्री का तो ट्रांसफर नहीं होता।" उनकी पत्नी ने कहा।

"मैं बड़े ट्रांसफर की बात कर रहा हूँ।"

"घर बदलना पड़ेगा क्या?" पत्नी बोली, "मैंने तो अपनी कुछ सहेलियों को हाँ खाने पर बुला रखा है।"

"अरे मैं वह सब नहीं कह रहा हूँ।" प्रधानमन्त्री खीज कर बोले, "मुझे तो यह सोच-सोच कर घबराहट हो रही है कि कल लाल किले पर मुझे तिरंगा झंडा लहराना है।"

"तो क्या हुआ? उसमें घबराने की क्या बात है? क्या सोनिया जी से पूछा नहीं है?"

"मुझे चिढ़ाने की बातें मत करो।" प्रधानमन्त्री बोले, "तुमने पढ़ा नहीं कि सुषमा स्वराज, अरुण जेतली और अनन्त कुमार लाल चौक पर तिरंगा झंडा लहराने गये थे तो उमर अब्दुल्ला ने उन्हें बन्दी बना लिया।"

"अच्छा। बन्दी बना लिया। मारा-पीटा तो नहीं?"

"नहीं, उन्हें तो नहीं मारा; किन्तु उनके कुछ कार्यकर्ताओं को जम्मू-कश्मीर की पुलिस ने पीट-पीट कर हस्पताल में डाल रखा है।"

"हाँ, पुलिस ने मारा होगा। उनका तो काम ही है मार-पीट का। जब देखो, लाठी भांजते रहते हैं। अब्दुल्ला ने तो नहीं मारा न। अब्दुल्ला परिवार, गाँधी जी के समान अहिंसावादी है। वह किसी को मारता-पीटता नहीं। बस कारागार में डाल देता है।"

"शुक्र है भगवान का कि वे लोग कारागार से जीवित बाहर आ गये। नेहरू जी और शेख अब्दुल्ला की टीम होती तो जाने क्या होता।"

"क्या होता? किसी को कारागार में बन्दी बना कर सदा के लिए तो नहीं रखा जाता। अन्ततः तो छोड़ना ही पड़ता है।"

"हाँ, छोड़ना तो पड़ता ही है। श्यामाप्रसाद मुकर्जी को भी छोड़ ही दिया था। वे भी कश्मीर के कारागार से बाहर आ गये थे, बस उस समय तक वे जीवित नहीं थे।" प्रधानमन्त्री बोले।

"तो आप किस बात से डर रहे हैं। आपको कौन सा कश्मीर जाना है।"

"अरे कश्मीर तो नहीं जाना, किन्तु तिरंगा झंडा तो लहराना है न।" प्रधानमन्त्री बोले।

"तो?"

"जहाँ मुझे झंडा लहराना है न," प्रधानमन्त्री पूरी रहस्यात्मकता से बोले, "वह लाल चौक नहीं है, किन्तु लाल किला तो है न। कहीं उमर अब्दुल्ला नाराज हो गया तो?"

"अरे वह क्यों नाराज होगा।" पत्नी का मनोबल काफी ऊँचा था, "यदि बात केवल लाल की है तो पाकिस्तान में जब लोग लाल मसजिद पर पाकिस्तानी झंडा लहराते हैं, तब तो वह नाराज नहीं होता।"

"हाँ, पाकिस्तानी झंडा लहराने से वह नाराज नहीं होता। अरे वह तो क्या, कोई भी नाराज नहीं होता।" प्रधानमन्त्री बोले, "यदि मैं लाल किले पर पाकिस्तान का झंडा लहरा दूँ तो वह निश्चित रूप से नाराज नहीं होगा। हाँ भारतीय जनता पार्टी अवश्य नाराज होगी।"

"कांग्रेस नाराज नहीं होगी?" पत्नी ने पूछा।

"लगता तो नहीं। तिरंगा झंडा लहराने गये लोगों को जब उमर अब्दुल्ला ने बन्दी कर लिया तो कांग्रेस ने उसका समर्थन ही किया।" प्रधानमन्त्री बोले, "कांग्रेस की तो नीति ही है, देश को तोड़ने की। नेहरू जी ने सम्मानपूर्वक पाकिस्तान बनवा दिया। हरिसिंह से कश्मीर ले कर पाकिस्तान, चीन और कट्टरपन्थी अलगाववादी मुसलमानों में बाँट दिया। तिब्बत चीन को दे दिया। देना तो वे आसाम भी चाहते थे; किन्तु चीन हो पीछे हट गया।"

"लो हद कर दी।" पत्नी ने कहा, "मैं तो सपना देख रही थी कि किसी दिन आप हरिसिंह नलवा बन कर काबुल पर भी तिरंगा लहराएँगे, आप तो लाल किले पर ही तिरंगा लहराने से डर गये। अंग्रेजों के समय तो छोटे-छोटे

लड़के भी गोलियाँ खा कर सरकारी भवनों पर तिरंगा लहरा आते थे, चाहे प्राण ही क्यों न चले जाएँ।"

"लो सुन लो इसकी बातें। काबुल पर तिरंगा।" प्रधानमन्त्री सहमे हुए से स्वर में बोले, "न मैं नलवा हूँ, और न कांग्रेस के अध्यक्ष पद पर महाराणा रणजीत सिंह हैं। वहाँ बैठी हैं सोनिया गाँधी।"

"वे क्या उमर अब्दुल्ला से डरती हैं?"

"वे तो गुलाम नबी आजाद से भी डरती हैं।"

"वह कैसे?"

"उसी ने तो कहा था कि अफजल गुरु को फाँसी मत देना, नहीं तो मैं नाराज हो जाऊँगा और सोनिया जी ने अफजल गुरु की फाइल को ही फाँसी दे दी।"

"तो क्या अब कहीं भी तिरंगा नहीं लहराया जाएगा?"

"ऐसे प्रश्न मत पूछो, जिनसे मेरी जान ही निकल जाए।"

"यदि उमर अब्दुल्ला देशद्रोही हो गया है, तो उसे उसके पद से हटा क्यों नहीं देते?" पत्नी ने पूछा।

प्रधानमन्त्री ने भयभीत दृष्टि से अपने आसपास देखा, "क्या कह रही हो। कोई सुन लेगा तो मुझे संसार से ही हटा देगा। अरे उमर अब्दुल्ला कश्मीर से भारत की सेना को ही हटाने पर तुला हुआ है, तुम उसे उसके पद से हटाने की बात कर रही हो।"

"भारत की सेना है, उसका काम है भारत की सीमाओं की रक्षा करना।" पत्नी ने कहा, "अब्दुल्ला कौन होता है, उसे हटाने वाला और वह उसे वहाँ से क्यों हटाना चाहता है?"

"ताकि पाकिस्तान की सेना आगे बढ़ सके।"

"तो आप उसकी बात क्यों मानते हैं? प्रधानमन्त्री आप हैं, या वह है?"

"मैं कहाँ मानता हूँ। वह स्वयं ही मनवा लेता है।" प्रधानमन्त्री बोले, "मुझे तो लगता है कि यह सारा देश ही उसके साथ है।"

"ऐसा क्यों लगता है आपको?"

"देख लो, किसी ने तिरंगे झंडे के संदर्भ में उसका विरोध नहीं किया।"

"पर ऐसा क्यों है?"

"क्योंकि हमने ही सारे देश को समझा दिया है कि राष्ट्रीयता का अर्थ

है साम्प्रदायिकता और देशद्रोह का अर्थ है, धर्मनिरपेक्षता। अलगाववादियों को सारे देश में गोष्ठियाँ करने की सुविधा हमने ही तो दी थी। हाँ धर्मनिरपेक्षता सबको बहुत प्यारी है।''

"आप लोगों ने ऐसा क्यों किया?''

"यह न किया होता तो अब तक कांग्रेस सत्ता में टिकी होती क्या।''

"सत्ता को बचाए रखने के लिए अब आप क्या करेंगे?''

"सोनिया जी से पूछूँगा।''

"अरे उनसे क्या पूछना है। वे उमर अब्दुल्ला से पूछेंगी।'' पत्नी ने कहा, "अच्छा है कि सीधे उमर से ही पूछ लीजिए कि अब क्या करना है।''

"वह तो कहेगा कि लाल किले पर भी पाकिस्तन का झंडा लहरा दो।''

"अरे लाल किले में क्या रखा है।'' पत्नी ने कहा, "एक बार पक्का काम कर डालो। यदि वह इससे ही प्रसन्न होता है, तो एक बार सीधे संसद भवन पर ही पाकिस्तान का झंडा लहरा दो।''

"यह तुमने ठीक कहा।'' प्रधानमन्त्री प्रसन्न हो गये, "इससे न सोनिया जी का भय रहेगा, न उमर अब्दुल्ला का। और मैं लाइफलांग प्रधानमन्त्री भी बन जाऊँगा।''

(7.2.2011)

नया धर्म

कवि जी कुछ अधिक ही मौज में थे। बोले, "मैं सोचता हूँ कि एक नया धर्म चलाया जाए।..."

मैं चौंका, "आप अपने आपको मुगल सम्राट अकबर समझते हैं क्या?"

"इसमें अकबर होने की क्या बात है?" उन्होंने मुझे डाँटा।

"नया दीन-ए-इलाही जो चलाना चाहते हैं आप?"

"मैं दीन-ए-इलाही की बात नहीं कर रहा हूँ।" कवि बोले, "मैं तो सोचता हूँ कि एक ऐसा धर्म चलाया जाए, जो आदमी को इनसान बना दे।"

"आदमी और इनसान में अन्तर क्या है?" मैंने स्पष्ट कर लेना उत्तम समझा, "जहाँ तक मैं जानता हूँ, ये दोनों शब्द संस्कृत मूल के नहीं हैं; और परस्पर पर्यायवाची हैं।"

"इनसान से मेरा तात्पर्य है, जिसमें इनसानियत हो।" उन्होंने अपना मन्तव्य स्पष्ट किया।

"इनसान होता ही वही है, जिसमें इनसानियत हो।" मैंने कहा, "मानव वही है, जिसमें मानवता हो। पशु वही है, जिसमें पशुत्व हो। अरबी फारसी शब्दों में कह देने से उसमें कुछ नया नहीं आ जाता।"

वे चिढ़ गये, "बड़ी मोटी बुद्धि है तुम्हारी। मैं यह कह रहा हूँ कि अब तक के धर्मों ने जो कुछ नहीं किया, वह यह नया धर्म करे।"

"तो आपने आज तक के सारे धर्मों को नकार दिया। उन्हें मानवता के लिए अहितकर घोषित कर दिया। आप उनसे श्रेष्ठ धर्म चलाएँगे।" मैंने कहा, "मैं जान सकता हूँ कि आपकी समझ में आज तक के धर्मों ने मानव नामक इस प्राणी को क्या पाठ पढ़ाया है?"

"उन्होंने उसे हिन्दू या मुसलमान बनाया है।"

"तो हिन्दू और मुसलमान इनसान नहीं होते? पशु होते हैं?"

"वे मनुष्यों को बाँटते हैं?"

"बाँटते तो सभी हैं।" मैं बोला, "प्रदेश के आधार पर, जाति और धर्म के आधार पर, धन के होने और न होने के आधार पर, राजनीतिक

विचारधारा के आधार पर, गुणों और दुर्गुणों के आधार पर...'' मैंने कवि महोदय की ओर देखा, ''आप कुछ को इनसान मान रहे हैं और कुछ को इनसान बनाना चाहते हैं। कुछ बनेंगे और कुछ नहीं बनेंगे। मानव जाति तो तब भी वर्गीकृत होगी ही।''

''तुम सदा मूर्खता की ही बात क्यों करते हो?''

''फिर वही बँटवारा – कुछ मूर्ख और कुछ बुद्धिमान।''

मैं देख रहा था कि उस बुद्धिमान को क्रोध आ रहा था और वह बुद्धिमान से मूर्ख बनने ही वाला था।

''अच्छा, तो आप इनसान में कौन से गुण चाहते हैं?'' मैंने पूछा, ''या पहले पूछ लूँ कि आप स्वयं इनसान बन गये?''

''मैं तो इनसान हूँ ही। मैंने जीवन भर अपनी कविताओं में इंसानियत की बात की है।''

''की होगी।'' मैंने कहा।

''क्या मतलब?''

''भई! मैंने आपकी कविताएँ पढ़ी नहीं हैं। इसीलिए पूछ लिया।'' मैं बोला, ''क्या इनसानियत वही है, जो आप जीवन भर करते रहे हैं?''

''हाँ! मैं सदा इनसानियत की राह पर चला हूँ।''

''क्या इनसानियत की यात्रा, सुरापान, व्यभिचार और पैसे के लोभ की गलियों से हो कर चलती है?'' मैंने उनकी ओर देखा, ''अवसरवादिता? अपने मित्रों की साहित्यिक हत्याएँ?... यह सब इनसानियत है? धर्म तो यह सब त्यागने को कहता है। त्याग और तपस्या की बात करता है। स्वार्थ त्याग, परमार्थ के लिए काम करने को कहता है।''

''बकवास मत करो।'' वे आपे से बाहर होने होने को ही थे, ''धर्म मानवता को बाँटता है और लोगों को आपस में लड़वाता है।''

''देखिए कवि महोदय! मैं आपके समान विद्वान् नहीं हूँ, इसलिए सारे धर्मों की बात नहीं जानता।'' मैंने कहा, ''आप बिना क्रुद्ध हुए, केवल इतना बता दीजिए कि हिन्दू धर्म के किस ग्रन्थ में कहा गया है कि आपस में लड़ो। कहाँ कहा गया है कि जो तुमसे कुछ अलग सोचे, उसे मारो। वैश्वानर, वसुधैव कुटुम्बकम् तथा वेदान्त के अनुसार तत्वतः सारे जीवों को ही नहीं, पदार्थों को भी एक ही मानना – क्या यह मानव जाति को बाँटने का प्रयत्न है?''

''क्यों? राम मन्दिर को ले कर हिन्दू लड़ नहीं रहे?''

''तुम्हारा मकान तुम्हारे किरायेदार ने खाली नहीं किया था तो तुम कितने वर्ष मुकदमा लड़ते रहे?... और अभी तो पिछले कवि सम्मेलन में सुरा के एक

गिलास के लिए तुमने कई कवियों के कपड़े फाड़ दिए थे।...''

''बकवास बन्द करो। कवि ने मुझे झिड़क दिया, ''हाँ! मुकदमे वाली बात सत्य है। ''कवि के मुख पर गर्व की झलक आयी, ''पन्द्रह वर्ष मुकदमा लड़ता रहा मैं, और अन्त में मकान खाली करवा कर ही दम लिया।...!'' कवि ने रुक कर कहा, ''पर बाबर तुम्हारा किरायेदार नहीं था।''

''यही तो हम भी कहते हैं। वह विदेशी और विधर्मी था। उसने बलात् इस देश में घुस कर मन्दिर तोड़ कर उसपर आधिपत्य स्थापित किया। किरायेदार न बलात् आपके घर में घुसता है, न आपके घर को तोड़ता है। न उसपर अपना मकान बनाता है।'' मैंने कहा, ''हम आक्रांताओं का भी विरोध न करें? मैंने तो तुम्हें मुकदमा लड़ने से नहीं रोका और तुम बता रहे हो कि हिन्दू धर्म लड़ना सिखाता है।''

''हाँ! लड़ना सिखाता है?''

''तुम जिस प्रकार का इनसान बनाना चाहते हो, क्या वह इनसान आत्मरक्षा नहीं करेगा? वह अपने देश और अपनी संस्कृति की रक्षा नहीं करेगा? अपने समाज और अपने धर्म की रक्षा नहीं करेगा? पाप और अधर्म से लड़ेगा नहीं?''

उसने कोई उत्तर नहीं दिया।

''पहले सोच लो कि जब तुम धर्म को गाली दे रहे हो, उसका तिरस्कार कर रहे हो, तो विरोध किसका कर रहे हो? और मनुष्य को ऐसा क्या सिखाना चाहते हो, जो आज तक धर्म ने नहीं सिखाया।''

''पर जब मैं इनसानियत की बात करता हूँ , तो मेरे श्रोता इतने प्रसन्न क्यों होते हैं? इतनी तालियाँ क्यों बजाते हैं?'' कवि रो दिया।

''क्योंकि वे समझ नहीं रहे होते कि तुम किस का तिरस्कार कर रहे हो।'' मैंने कहा, ''न वे यह समझ रहे होते हैं कि यह आजीवन सुखभोग का स्वार्थी जीवन जीने वाला व्यक्ति धर्म का तिरस्कार करके किन महान् पुरुषों और किन महान् सिद्धान्तों का तिरस्कार कर, स्वयं को उन सब से उदात्त और पवित्र बता रहा है।''

''तुम तो मेरी सारी दूकानदारी ही बन्द करवा दोगे।'' उसने अपने आँसू पोंछ लिए और इनसानियत के गीत गाने को तैयार हो गया।

(3.1.2005)

बचाव करने वाले

भोलाराम खीसें निपोरते हुए आये। मेरी आँखों की एक्स-रे मशीन ने देखा कि उनकी वाग्नली में एक मेढक बैठा हुआ है। वस्तुतः वह बैठा हुआ नहीं था। वह निरन्तर बाहर आने के लिए उछल रहा था। वह उछाल मारता था, कंठ तक आता भी था, पर फिर विवेक के त्रिशूल से बिंध जाने के भय से स्वयं ही अपनी उछाल रोक लेता था और नीचे जा गिरता था।

जब उस कंठ-मंडूक की कई असफल उछालें मैंने देख लीं, तो स्वयं ही पूछ लिया, ''क्या बात है भोलाराम? बड़े प्रसन्न दिखाई पड़ रहे हो?''

''शर्मा जी की बेटी कल्लू अंडे वाले के साथ भाग गयी।'' उनका कंठ-मंडूक, कंठ से बाहर ही नहीं आ गया, उनके चेहरे पर सरसों के खेत पसर गये। उनकी आँखों से दीपावली के अनार छूट रहे थे।

''कौन से शर्मा जी?''

''वही, चौक वाले।''

''और कल्लू कौन?''

''जो उनके घर के नीचे अंडे बेचने की रेढ़ी लगाता है।'' उनका उल्लास नियंत्रित ही नहीं हो रहा था।

''तो आप इतने प्रसन्न किस बात से हैं?'' मैं टोके बिना नहीं रह सका, ''आपकी एक बेटी भी तो बी. ए. में पढ़ती है। कल को कोई कल्लू उसे भगा ले गया तो?''

''मेरी बेटी भागेगी नहीं, तो कोई भगा कैसे ले जाएगा?'' भोलाराम आश्वस्त थे।

''शर्मा जी की बेटी कैसे भागी?''

''वह हुआ यूँ कि उनका फ्लैट दूसरे तल पर है। सीढ़ियाँ नीचे सड़क पर खुलती हैं। कल्लू उनकी सीढ़ियों के साथ ही रेढ़ी लगाता था। रोज आते जाते नमस्ते ठोक देता था।'' भोलाराम ने बताया, ''शर्मा जी की बेटी कालेज से लौटी थी। उसके पास पुस्तकों का ढेर था। पुस्तकें सँभल नहीं रही थीं। गिरने गिरने

को थीं। कल्लू ने बढ़ कर कुछ पुस्तकें शिखा के हाथ से थाम लीं।...''

''शिखा कौन?''

''शर्मा जी की बेटी।''

''शिखा ने उससे सहायता माँगी थी?'' मैंने पूछा।

''अजी कहाँ। वह तो मना करती रही। पर कल्लू ने थाम ही लीं।'' भोलाराम ने बताया, ''फिर वह पुस्तकें ऊपर पहुँचाने के बहाने उनके घर में घुस गया।''

''फिर।''

''वह जानता था कि घर में कोई है नहीं। रोज ही देखता था कि जिस समय शिखा कालेज से आती है, उस समय घर में कोई नहीं होता। आज भी ताला शिखा ने ही खोला था।...''

''तो?''

''तो क्या? पट्ठे ने दरवाजा भीतर से बन्द कर लिया और बलात् ऐश की।'' भोलाराम के दाँत फिर से चमके।

मन में आया कि उसके दाँत तोड़ कर उसकी हथेली पर रख दूँ।

''एक दुष्ट राक्षस ने एक असहाय लड़की के साथ बलात्कार किया और तुम हंस ही नहीं रहे, मन और आत्मा से भी प्रसन्न दीख रहे हो।''

''तो क्या रोऊँ?''

''नहीं! प्रतीक्षा करो कि तुम्हारी बेटी के साथ भी यह सब हो ले, तब रोना।''

उसके मुँह का स्वाद बिगड़ गया, ''क्यों छोड़ते थे शर्मा जी अकेली लड़की को घर पर?''

''लड़की घर पर अकेली हो तो उसके साथ कोई भी बलात्कार कर जाए?'' मैं ने स्वयं को सँभाला, ''तुम तो कह रहे थे कि वह उसके साथ भाग गयी?''

''हाँ! कल्लू ने उसके सारे कपड़े फाड़ दिए थे। उसकी दुर्दशा कर दी थी।'' भोलाराम ने बताया, ''फिर उससे बोला कि वह अपने एक मित्र का ऑटो ले आता है। या तो वह चुपचाप उसके साथ चली चले, नहीं तो वह उसे उसी हालत में घसीट कर चौक में खड़ी कर देगा।...''

''फिर...?''

''वह ऑटो ले आया। एक चादर लपेट कर उसे अपने घर ले गया। मौलवी बुला कर निकाह कर लिया। अब उसके सम्बन्धी और मुहल्ले वाले उसके साथ

हैं। उसका समाज उसके साथ है। कह रहे हैं कि शिखा न केवल इस्लाम स्वीकार कर चुकी है, वरन् वह कल्लू की वैध पत्नी है– आयशा बेगम।''

''शिखा क्या कहती है?''

''वह मायके आयी थी। अपने माता पिता को राज़ी कर रही थी कि वे पुलिस में रपट न करें। मान लें कि उनकी बेटी मर गयी?''

''पर क्यों?''

''कल्लू ने धमकी दी है कि यदि उन्होंने पुलिस में रपट की या उसके विरुद्ध कोई भी कार्रवाई की तो वह और उसके साथी शिखा के छोटे भाई को उठा ले जाएँगे और उसके टुकड़े कर उन्हें लौटा जाएँगे। शिखा को भी जान से मार डालने की धमकी दी है। शर्मा जी बहुत डरे हुए हैं।...''

''यह देश स्वाधीन हो चुका या अब भी यहाँ तुर्कों और मुगलों का ही राज्य है?'' मैंने शायद अपने आप से पूछा।

''नहीं! स्वतन्त्र तो हम हो चुके हैं – 1947 में।'' भोलाराम ने कुछ सोचते हुए मुझे सूचित किया।

''तो फिर पुलिस और प्रशासन कहाँ है? कानून कहाँ है?''

''पुलिस थाने में है, प्रशासन कलक्टर की जेब में है; और कानून कचहरी में कैद है।''

''सब सो रहे हैं; और हिन्दू समाज तो ज़ैसे अफीम खा कर सोया हुआ है। किसी को किसी का दर्द नहीं। कहीं समाज का एका नहीं। कहीं कोई प्रतिरोध नहीं, कहीं प्रतिकार नहीं, कहीं प्रतिशोध नहीं। कहीं दुष्टदलन नहीं।'' मैंने भोलाराम को देखा, ''तो तुम किस बात से इतने प्रसन्न हो?''

''बहुत एडवांस्ड बनते थे न शर्मा जी! लड़की को कोएजूकेशन में पढ़ा रहे थे।''

''तो तुम नहीं चाहते कि कोई लड़की कोएजुकेशन में पढ़े?'' मैंने उसकी आत्मा को टटोला, ''और जो लड़की कोएजुकेशन में पढ़े, उसके साथ कोई भी कल्लू बलात्कार कर जाए?''

''लड़के-लड़कियों को साथ पढ़ाओगे तो अपराध बढ़ेंगे ही।'' वह पूर्णतः आश्वस्त था।

''इसे मात्र अपराध तब कहते, जब कल्लू अकेला होता।'' मैंने कुछ उग्र स्वर में कहा, ''वह बलात्कारी है और उसके सम्बन्धी और उसका समाज न केवल उसके साथ है, उसका प्रशंसक भी है। धर्म के प्रतिनिधि के रूप में मौलवी ने उस

बलात्कारी को पुलिस के हवाले नहीं किया। एक असहाय और पीड़ित लड़की को कलमा पढ़ा कर मुसलमान बनाने का पुण्य कमा लिया। उसका निकाह पढ़ा दिया।... तुम इसको केवल एक साधारण अपराध ही मानते हो और प्रकारान्तर से उसका समर्थन भी कर रहे हो?''

''मैं समर्थन कर रहा हूँ?'' भोलाराम की आँखों में आश्चर्य था।

''वे सब कल्लू के साथ हैं, क्योंकि उसने यह सब कुछ एक हिन्दू लड़की के साथ किया। यह सब सुन कर तुम्हारा खून खौलना चाहिए था। तुम्हें एक दुष्ट के दलन के लिए उद्यत होना चाहिए था। पुलिस और प्रशासन कुछ नहीं करता तो समाज को संगठित कर उस राक्षस पर टूट पड़ना चाहिए था।'' मैंने कहा, ''तुम शर्मा जी के साथ खड़े तो नहीं ही हो, उन्हें दोषी भी बता रहे हो; और प्रसन्न भी हो। धिक्कार है तुमको भोलाराम! जा कर कहीं डूब मरो।''

''कम्यूनल कहीं का। एक प्रेम विवाह को अपराध बता रहा है।'' भोलाराम उठ कर चला गया।

अगले ही दिन वह फिर से आ उपस्थित हुआ। किन्तु आज उसके चेहरे के गुलाब झड़ गये थे; और उनके स्थान पर नागफणि के पौधे उग आये थे। चेहरे पर कुछ खरोंचें भी थीं, जैसे चोट लगी हो या कहीं से पिट कर आया हो।

''क्या हुआ भोलाराम?'' मैंने पूछा।

उसने क्रोध भरी दृष्टि से मुझे देखा, ''मुझे लगता है कि तुमने ही उन्हें भड़काया है।''

''किन्हें?''

''चौक के हिन्दुओं को।''

''मैंने तो किसी को नहीं भड़काया, किन्तु हुआ क्या?''

''साम्प्रदायिकता हुई। वे संगठित हो कर गये और कल्लू के घर से शिखा को घसीट लाए। कल्लू ने रोकने का प्रयत्न किया तो उसका भी सिर फोड़ दिया। सुना है, वह मौलवी, जिसने विवाह करवाया था, वह भी अस्पताल में है, उसकी दो-चार हड्डियाँ टूट गयी हैं। उनके मुहल्ले के दो-चार घर भी जला दिए गये हैं।... और देखो न पुलिस भी कुछ नहीं कर रही है।''

''जब उन राक्षसों ने शिखा के साथ अत्याचार किया था और पुलिस हरकत में नहीं आयी थी तो तुम बड़े प्रसन्न थे कि पुलिस थाने में है। आज भी पुलिस थाने में ही है, तुम्हें क्या कष्ट है?''

''मैं गया था पुलिस थाने। पुलिस को प्रेरित करने, पर देखो न उन्होंने मेरी

क्या गत बनाई है। धक्के देकर, बाहर सड़क पर पटक गये।''

''तुम सेकूलर ही बने रहो।'' मैंने कहा, ''क्यों इन साम्प्रदायिक मामलों में पुलिस से उलझते हो?''

''ऐसी तैसी पुलिस की।'' वह कुछ आवेश में बोला, ''मेरी समझ में नहीं आता कि हिन्दुओं में इतना साहस कहाँ से आ गया। कायरों ने चमत्कार कर दिखाया है।''

''उन्हें गुरु गोविन्द सिंह की वह पंक्ति स्मरण हो आयी होगी...।''

''कौन सी?''

''देहु शिवा बर मोहे, शुभ करमन ते कबहूँ न डरौं।'' मैंने कहा, ''जहाँ तक मैं जानता हूँ, उन्होंने यही कहा था कि हिन्दुओं के क्षत्रिय संस्कार लुप्त हो गये हैं, इसे उनकी कायरता माना जाता है, तभी तो तुर्क उनकी बहू बेटियाँ उठा कर ले जाते हैं।''

''ऐसा कहा था?'' वह चकित था।

''मेरी स्मरण शक्ति तो कुछ ऐसा ही कहती है। मेरा विचार है कि तुम भी इसे स्मरण करा लो। आज इसकी बहुत आवश्यकता है, इस देश को।''

(26.9.2005

राष्ट्र-साधना

रामलुभाया जाने कौन सा गीत गा रहा था; किन्तु बहुत भक्तिपूर्ण स्वर में मग्न हो कर गा रहा था। जो दो-चार शब्द मेरे कानों में पड़े, वे थे "राष्ट्र-साधना करें, हम राष्ट्र-साधना करें।"

मैं ओट से निकल कर सामने आ गया। देखा, वह पंडित जवाहरलाल नेहरू के चित्र के सामने अगरबत्तियाँ जला कर उनके नाक में धुआँ दे रहा था। मेरे आने से पहले ही वह चित्र पर माल्यार्पण कर चुका था। दीपक भी जला चुका था।

"क्या कर रहे हो?" मैंने पूछा।

"राष्ट्र-साधना कर रहा हूँ।"

"नेहरू जी की पूजा कर रहे हो और कह रहे हो कि राष्ट्र-साधना कर रहे हो।"

"एक ही बात है। राष्ट्र-साधना करने वाले पुरुष की पूजा ही राष्ट्र-साधना है।"

"तुम्हारा विचार है कि जवाहरलाल नेहरू सबसे बड़े राष्ट्र-साधक हैं?" मैंने पूछ लिया।

"राष्ट्र-साधक।" उसकी आँखों में चमक आ गयी, "मैं तो मानता हूँ कि उन्होंने ने ही इस राष्ट्र का निर्माण किया है। उसे आकार दिया। उसे सजाया-संवारा।"

"वह कैसे?"

"तुम जानते हो कि यह देश कभी एक राष्ट्र तो था ही नहीं।" उसने बड़े गर्व से कहा, "जिस-जिसके मन में आया, भूमि के टुकड़े जोड़ता गया। उसे भारत, भारतवर्ष और भारत माता – जाने क्या-क्या नाम देता गया।"

"और जवाहरलाल नेहरू ने पहली बार पहचाना कि हमारा राष्ट्र क्या है?" मैंने पूछा।

"एकदम ठीक। उन्होंने इस राष्ट्र की मूर्ति गढ़ी, जैसे कोई मूर्तिकार किसी

शिला में से व्यर्थ के पत्थरों को काट कर निकाल देता है और एक सुंदर मूर्ति को आकार दे देता है। मलबा निकल गया तो समझ लीजिए कि सुन्दर मूर्ति बन गयी।''

"मैं समझा नहीं।''

"थोड़ा सा ज्ञान मूर्तिकला का प्राप्त कर लो।'' वह मुझ पर हँसा, ''कुछ तो पहले अंग्रेजों ने ही पृथक् कर दिए थे। श्रीलंका, मलयद्वीप, ब्राह्मदेश, अफगानिस्तान ..." वह पुनः हँसा, "अब कुभा या काबुल का भारत में होने का क्या तुक है। ठीक है कि मौर्य वंश से लेकर महाराणा रणजीत सिंह के समय तक भारत का अंग रह चुका था, तो भी अंग्रेजों ने अपनी समझदारीवश इन सारे प्रदेशों को भारत से पृथक् कर दिया। अच्छा ही हुआ, नहीं तो पंडित जी को अपने राष्ट्र के चित्र को सुन्दर बनाने के लिए इन सब को निकालना पड़ता।...''

मैं चकित रह गया। देश के टुकड़े होते देख, प्रसन्न होना उसकी राष्ट्र-साधना थी?

"और जब सत्ता पंडित जी के हाथ में आयी तो उन्होंने हमारी संस्कृति से मेल न खाने वाले प्रदेश काट कर पृथक् कर दिए। उन प्रदेशों को मिला कर पाकिस्तान बना।''

"वे हमारी संस्कृति से मेल नहीं खाते थे?'' मेरा स्वर कंठ में फँसता जा रहा था।

"और क्या।'' वह बोला, '' 'भारत की खोज' पंडित जी ने लिखी थी या तुमने? वे जानते थे कि क्या-क्या भारत में रहना चाहिए था।''

"अच्छा?''

"तिब्बत चीन को सौंप दिया। वे मोटे कपड़े पहनते हैं। वैसे मोटे कपड़े हमारे यहाँ होते ही नहीं। हमारे यहाँ तो महीन बुनाई होती है। अब चीन निबटे उनसे।'' वह बोला, 'और फिर वहाँ फसल कम होती है, इसलिए उन्हें पानी की आवश्यकता होगी। अतः कैलाश-मानसरोवर का क्षेत्र उनको दे दिया।''

"उससे भारत की मूर्ति और भी सुन्दर हो गयी?'' मेरे मुख से अनायास ही निकल गया।

"और नहीं तो क्या।'' वह बोला, "तिब्बत को जोड़ कर भारत का नक्शा देखो। बेतुका सा बढ़ा हुआ सिर लगता है या नहीं। पंडित जी ने उसे कला का स्पर्श दे दिया।''

"और कश्मीर?''

"पंडित जी का वश चलता तो वे सारा का सारा कश्मीर ही पाकिस्तान को दे देते। छोटा-सा पाकिस्तान उन्हें अच्छा नहीं लग रहा था। वे उसे कुछ

बड़ा करना चाहते थे। किन्तु पटेल यह करने नहीं देना चाहते थे। और फिर उनका मित्र था, शेख अब्दुल्ला, वह भी कश्मीर पर अपना राज्य चाहता था। दोस्ती का वास्ता दे कर अब्दुल्ला ने कश्मीर अपने लिए ले लिया।''

"तो पंडित जी ने पाकिस्तान और अब्दुल्ला दोनों को प्रसन्न कर दिया?''

"और क्या।'' रामलुभाया बोला, "अपनी बढ़ती हुई सेना को रोक कर पाकिस्तान को कश्मीर का एक बड़ा भाग दे दिया और कह दिया कि इसे तुम और चीन बाँट लो। हम से और मत माँगना। हम बाकी कश्मीर अब्दुल्ला को दे चुके हैं। वहाँ के हिन्दुओं में से जो जीवित बचेंगे, उन्हें हम भारत की सड़कों पर लोटने के लिए भारत में बुला लेंगे, जैसे पाकिस्तान के प्रदेशों से हिन्दुओं को बुला लिया है। अब्दुल्ला अपनी सन्तानों के साथ कश्मीर पर राज्य करेगा। यह हमारा वरदान है।''

"अपनी भूमि दूसरों को देते जाना राष्ट्र-साधना है रामलुभाया?'' मैंने पूछा।

"और क्या।'' वह बोला, ''नेफा की भूमि चीन को देते हुए पंडित जी ने कहा था कि वहाँ घास का एक तिनका भी नहीं उगता। यदि वह भूमि हमारे पास रहती तो उसे उपजाऊ बनाने के लिए हमें कितना पैसा खर्च करना पड़ता। करना पड़ता या नहीं?'' उसने उग्र दृष्टि से मुझे देखा, ''पंडित जी ने वह सारा पैसा चीन की जेब से खर्च करवाया है।''

"और वह बचाया हुआ पैसा अब्दुल्ला के परिवार को ऐश करने के लिए दे दिया है। है न?"

"और क्या। बाँट कर खाना चाहिए।''

"आगे के लिए क्या योजना है?'' मैंने पूछा।

"पंडित जी तो अब नहीं हैं; किन्तु उत्तरपूर्व के प्रदेशों को पृथक् करने की योजना वे पहले ही बना चुके थे।''

"क्यों?''

"उनका अंग्रेजी का उच्चारण अच्छा नहीं था।''

"अब तो पंडित जी नहीं हैं।''

"उनके उत्तराधिकारी उसी योजना पर कार्य कर रहे हैं।''

"कैसे?''

"उनकी योजना थी कि भारत और पाकिस्तान के साथ एक ईसाई राज्य भी होना चाहिए। शायद एडविना माउंटबैटन की ऐसी इच्छा थी। किन्तु उस समय इतने ईसाई ही नहीं थे कि कोई राज्य बन सकता। पंडित जी ने उत्तरपूर्व के राज्यों को ईसाई बनाने की योजना बना डाली। वह अब अपनी परिपक्वता

तक पहुँच रही है। फिर कांग्रेस सरकार सैक्यूलरिज्म के नाम पर उन्हें पहले अधिक से अधिक अधिकार देगी और फिर स्वतन्त्र कर देगी। फिर देखना अपने देश का नक्शा। केरल और तमिलनाडु में भी बहुत कुछ हो रहा है।''

"तो तुम्हारी पार्टी भारत को एक गोला बनाना चाहती है, जिसमें उत्तरप्रदेश और मध्यप्रदेश रह जाएँ?''

"लक्ष्य तो वही है; किन्तु उस गोले का नाम भी शायद ही 'भारत' हो।'' वह जोर से हँसा, "शायद उसका नाम कुछ और ही हो जाए। बोलो पंडित जवाहरलाल नेहरू और उनके उत्तराधिकारियों की जय।''

(14.10.2011)

संविधान और धर्मान्तरण

रामलुभाया ने बताया, "प्रधानमन्त्री का दल बहुमत खो चुका है।"

"तो फिर यह सरकार तो गयी।" मैंने कहा।

"क्यों सरकार क्यों जाएगी?" उसने मेरी ओर देखा, "राजनीति की थोड़ी सी भी परख होती तो तुम समझ गये होते कि प्रधानमन्त्री ने जानबूझ कर अपने कुछ सांसदों को रुष्ट कर, दल से निकाल दिया है, ताकि उनका दल अल्पमत में आ जाए।"

"ऐसा कौन मूर्ख प्रधानमन्त्री होगा, जो जान-बूझ कर अपना बहुमत खो दे?"

"तुम कभी राजनीति में रहे हो?" उसने जवाहरलाल के समान ठुड्डी के नीचे हाथ रख, गम्भीर मुद्रा बनाई।

मैं गम्भीरता से प्रायः डर जाता हूँ। बोला, "नहीं।"

"और हमारे प्रधानमन्त्री पचास वर्षों से इसी धन्धे में हैं। पहले पटरी पर बैठते थे। फिर ठेली लगा ली। फिर दुकान खुली। अब मॉल खोले बैठे हैं।"

"उससे क्या?" मैंने कहा।

"वे मूर्ख नहीं हैं, जो कुल्हाड़ी पर अपना पाँव दे मारें।"

"ठीक है, वे बुद्धिमान सही।" मैंने कहा, "किन्तु अब राष्ट्रपति उनको संसद में अपना बहुमत प्रमाणित करने को कहेंगे। और यदि वे नहीं कर सके तो उनसे त्यागपत्र देने को कहा जाएगा।"

"हाँ। कहा तो जाएगा।" रामलुभाया ने कहा, "किन्तु उससे क्या होगा। प्रधानमन्त्री उच्चतम न्यायालय में गुहार लगाएँगे कि उनके साथ अत्याचार हो रहा है।"

"क्यों इसमें अत्याचार क्या है?" आश्चर्य से मेरा मुँह खुला का खुला रह गया, "यह तो देश का संविधान कह रहा है।"

"हाँ। वे उच्चतम न्यायालय में यही कहेंगे कि वे अल्पसंख्यक हो चुके

हैं, फिर भी उनपर इस देश का संविधान लागू किया जा रहा है। इससे बड़ा अत्याचार और क्या हो सकता है।''

"तो इस देश का संविधान अल्पसंख्यकों के लिए नहीं है?''

"हमारा संविधान, हमारा विधि-विधान, केवल बहुसंख्यकों के लिए है, साम्प्रदायिक शब्दावली का प्रयोग करूँ, तो कहूँगा कि केवल हिन्दुओं के लिए है।'' उसने कहा, "शेष लोगों को कहा गया है कि तुम अपना संविधान स्वयं बना लो।'' उसने रुक कर मेरी आँखों में देखा, "तुम इस देश के कानून से मुक्त होना चाहो और अपना विधि-विधान स्वयं बनाना चाहो तो अपने लिए कोई अल्पसंख्यक सम्प्रदाय चुन लो, या नया बना लो। उसका पहला नियम हो कि हत्यारे को भारत-रत्न की उपाधि दी जाए। हमारा प्यारा देश, उसे तुम्हारी धार्मिक अनिवार्यता मान कर, तुम्हें न केवल हत्याओं का शूटिंग लायसेंस दे देगा, वरन भारत रत्न की उपाधि से विभूषित भी कर देगा। वह तुम्हारी साम्प्रदायिक अनिवार्यता जो ठहरी और यह देश सेकूलर होने के चक्कर में साम्प्रदायिकता से मुख नहीं मोड़ सकता।''

"पर जनतन्त्र में सरकार तो बहुमत से बनती है।'' मैंने उसका सारा प्रलाप, एक ओर बुहार दिया।

"जिस गणतन्त्र को अल्पसंख्यक-साम्प्रदायिकता के रोगाणु न लगे हों, वहाँ बनती होगी।'' रामलुभाया ने कहा, "अपने यहाँ ऐसा नहीं होता। तुम जानते हो, कल क्या हुआ?''

"क्या हुआ?''

"एक आदमी मेरी दुकान पर बन्दूक खरीदने के लिए आया।'' रामलुभाया ने किस्सा सुनाना आरम्भ किया, "मैंने उससे कहा कि बन्दूक तो ठीक है, वह मैं दे दूँगा; किन्तु बन्दूक रखने का लायसेंस है क्या तुम्हारे पास?''

"नहीं है।'' उसने कहा, "उसकी आवश्यकता भी नहीं है।''

"है।'' मैंने बल दे कर कहा, "हमारे यहाँ शस्त्रास्त्र नियमों के अधीन, बिना प्रशासन की अनुमति के आप अपने पास शस्त्र नहीं रख सकते। संजय दत्त ने रखी तो देखा न क्या हुआ।"

"वह कानून मुझ पर लागू नहीं होता।'' वह बोला।

"क्यों?''

"क्योंकि मैं अल्पसंख्यक हूँ।'' वह बोला, "और इस देश का संविधान

कहता है कि अल्पसंख्यकों पर इस देश का कोई कानून लागू नहीं होगा।''

रामलुभाया ने अपना किस्सा पूरा कर चाय का प्याला उठा लिया।

"तो इस संविधान का क्या करें हम?'' मैंने पूछा।

"संसद के अगले सत्र में एक संशोधन पारित कर देते हैं कि संविधान पर यह भी लिख दिया जाए कि भारतीय संविधान केवल बहुसंख्यकों के लिए है।'' रामलुभाया ने पूरी गम्भीरता से कहा।

उसकी गम्भीरता मुझे डरा गयी।

"देखो, डरो मत।'' उसने मुझे परामर्श दिया, "मैं निश्चित रूप से तुम्हें बता रहा हूँ कि अब इस देश में साम्प्रदायिकता एकदम नहीं रहेगी। समूल नष्ट हो जाएगी।''

"कैसे?''

"हम बहुत जल्दी ही अपने संविधान में एक और संशोधन करने जा रहे हैं।'' उसने बताया।

"क्या?''

"प्रत्येक राजनीतिक दल का अध्यक्ष एक अल्पसंख्यक होना चाहिए।'' वह बोला, "सेनाओं के तीनों विभागों का एक-एक प्रधान सेनापति अल्पसंख्यक होना चाहिए। इस देश में एक राष्ट्रपति और एक प्रधानमन्त्री अल्पसंख्यक होना चाहिए। सारे उच्च और उच्चतम न्यायालयों का एक-एक प्रधान न्यायाधीश अल्पसंख्यक होना चाहिए। जो अल्पसंख्यकों को इस देश का अनागरिक बनाने के लिए मनमाने निर्णय दे। सारे मन्दिरों की प्रबन्ध समितियों में एक अल्पसंख्यक अनिवार्यतः होना चाहिए। आपको अपने घर में एक कमरा अल्पसंख्यकों के लिए आरक्षित करना पड़ेगा। आपको अपने वेतन का एक अंश अल्पसंख्यकों के लिए अनिवार्यतः देना पड़ेगा। आपको अपनी सम्पत्ति के उत्तराधिकारी के रूप में एक नाम किसी अल्पसंख्यक का भी रखना पड़ेगा।...''

"मैं एक कल्पना करता हूँ रामलुभाया!'' मैंने कहा।

"क्या?''

"मनमोहन सिंह और सोनिया गाँधी में झगड़ा हो जाए।''

"चलो हो गया। फिर?''

"सोनिया गाँधी, मनमोहन सिंह को प्रधानमन्त्री पद से हटा दें। तो क्या मनमोहन सिंह हट जाएँगे?''

"क्यों हट जाएँगे।" रामलुभाया बोला, "वे तत्काल कहेंगे कि मैडम आप ऐसा नहीं कर सकतीं, क्योंकि मैं स्वयं को अल्पसंख्यक मानता हूँ। मैंने सारे क्षेत्रों में अल्पसंख्यकों के लिए आरक्षण का प्रावधान इसलिए तो नहीं किया कि आप जब चाहें, दूध की मक्खी के समान मुझे निकाल बाहर फेंक दें। मैं कश्मीरी पंडितों की कोटि का अल्पसंख्यक नहीं हूँ, जिसे आप फुटपाथों और तम्बुओं में फेंक दें और स्वयं 10 जनपथ में आराम से सिर के नीचे हाथ रख कर सोएँ। मैं अल्पसंख्यक प्रधानमन्त्री हूँ। मुझे हटाने का अधिकार तो इस देश के संविधान को भी नहीं है।"

"तब सोनिया गाँधी कहेंगी कि 'आप मेरी आज्ञा का उल्लंघन नहीं कर सकते, क्योंकि मैं विदेशिनी भी हूँ और विधमिर्गी भी। इस दृष्टि से मैं इस देश में अल्पसंख्यकों में भी अल्पसंख्यक हूँ। संसार के किसी देश में यदि रोमन साम्राज्य है, तो केवल इस भारतवर्ष में ही है। अतः मैं यहीं नहीं संसार भर में अल्पसंख्यिनी हूँ। आपको मेरी बात माननी होगी।'"

"तो परिणाम क्या होगा?" मैंने पूछा।

"परिणाम?" वह हँसा, "हमारा महान् भारत देश लक्षद्वीप जैसे असंख्य सूक्ष्म देशों में बँट जाएगा और जब चार सड़क-छाप गुंडे, डंडे लेकर भी आएँगे तो हम किसी विदेशी शक्ति से अपनी रक्षा की गुहार करेंगे।"

"जब हम यह सब जानते हैं तो हम ऐसा क्यों कर रहे हैं?" मैंने कुछ चकित हो कर पूछा।

"लगता है कि तुमने कभी अपने पुराण नहीं पढ़े।"

"हाँ! पढ़े तो नहीं हैं।" मैंने स्वीकार कर लिया।

"उनमें लिखा है कि कलियुग में राक्षसों की बन आएगी। वे सारी देवशक्तियों को नष्ट करेंगे। अपनी माता के शत्रु बन कर उसका रक्त पिएँगे। उसकी बोटियाँ नोचेंगे।" रामलुभाया ने कहा, "वे राक्षस जन्म ले चुके हैं। चुनाव की मतपेटियाँ पचा चुके हैं और अब संविधान की चटनी बना रहे हैं। आदर्शों के नाम पर आत्मघाती मूर्खताओं को गौरवान्वित कर रहे हैं। ये इस देश का तुर्कों, मुगलों तथा अंग्रेजों से भी बुरा हाल करेंगे।"

"पर ये लोग ऐसा क्यों करेंगे?"

"क्योंकि ये लोग कम्यूनल नहीं हैं।"

"कम्यूनल नहीं हैं, किन्तु ये तो क्रिमिनल हैं।"

"कल वह क्रिमिनल किसी के घर में घुसेगा और उसकी हत्या करना

चाहेगा।'' रामलुभाया ने कहा, "गृहस्वामी पुलिस को बुला लेगा। पुलिस का अधिकारी हाथ बाँध कर खड़ा रहेगा। गृहस्वामी कारण पूछेगा तो वह कहेगा, 'जी मैं इसके विरुद्ध कोई कार्यवाही नहीं कर सकता, क्योंकि यह अल्पसंख्यक है और इसकी गिरफ्तारी के लिए हमें अल्पसंख्यक आयोग से अनुमति लेनी पड़ती है। देखिए, न कश्मीर में जो कुछ हुआ और जो कुछ हो रहा है, उसके विरुद्ध हमारी सेना तक कुछ नहीं कर सकती, क्योंकि हमारी अल्पसंख्यक-नीति की उपज, हमारे देश के इन शासकों ने, अपनी ही सेना को अपराधी बना कर अल्पसंख्यक आयोग के न्यायाधिकरण में खड़ा कर दिया है।'"

मैं मौन बैठा रहा।

"क्या सोच रहे हो?"

"सोच रहा हूँ कि मेरे बच्चे को किस स्कूल में प्रवेश मिलेगा।''

"क्यों? ऐसी क्या समस्या है? हर गली स्कूलों से अटी पड़ी है।''

"ठीक कहते हो। जो ठीक-ठाक सामान्य स्कूल हैं, वे मेरे घर से दूर हैं। अतः सरकारी नियमों के अधीन वहाँ उसका प्रवेश नहीं हो सकता।''

"और जो तुम्हारे घर के निकट हैं?''

"वे अल्पसंख्यकों के स्कूल हैं। उनके स्कूल उनके सम्प्रदाय के लोगों के लिए आरक्षित हैं।''

"तुम्हारे बच्चे को वहाँ किसी प्रकार प्रवेश नहीं मिल सकता?'' रामलुभाया ने पूछा।

"मिल क्यों नहीं सकता।'' मैंने कहा, "बस धर्मान्तरण करना पड़ेगा।''

"स्कूल में प्रवेश मात्र के लिए?'' रामलुभाया भी चकित हो गया।

"अभी क्या है। तुम देखते रहो, रामलुभाया! यही हाल रहा तो पानी के एक गिलास के लिए भी इस देश में धर्मान्तरण करना पड़ेगा।''

"किन्तु हमारा संविधान तो यह नहीं कहता।''

"जाने क्या कहता है; किन्तु कर तो यही रहा है।''

(5.12.2006)

सुरक्षा की चिन्ता

उत्तरप्रदेश में एक स्थान है लखीमपुर खीरी। वहीं कहीं एक गाँव के थाने के निकट खेतों में या जंगल में 14 वर्षों की एक किशोरी अपने पशुओं को चरा रही थी। उसका नाम शायद सोनम था। वैसे नाम से फर्क क्या पड़ता है। किशोरी तो किशोरी ही रहेगी। नाम बदल जाने से किशोरी, प्रौढ़ा तो बन नहीं जाएगी और प्रौढ़ा होने का अर्थ यह तो नहीं है कि वह लंपटों से सुरक्षित हो जाएगी।

... वन हो या खेत, उससे पशु को कोई अन्तर नहीं पड़ता। उसे तो चरना ही है, चरेगा। गाँव कौन सा था, इससे भी क्या फर्क पड़ता है। कोई भी हो, घटनाएँ तो एक जैसी ही घटेंगी। समय क्या था, इससे भी कोई अन्तर नहीं पड़ता; पहले जो कुछ केवल रात के अँधेरे में घटित होता था, अब वह दिन के उजाले में भी घटित हो जाता है। उसे सूर्य देखे या चन्द्रमा घटना तो वैसी ही घटेगी...

तो थाने में बैठे दारोगा जी ने देखा कि चौदह वर्षों की एक किशोरी थाने की दीवार के निकट खेत में खड़ी थी। वह इतनी अकेली थी कि उसे कोई भी खेत में घसीट सकता था। घसीटी तो वह थाने में भी जा सकती थी। बस दिशा का ही तो अन्तर था। मेंड़ पर से घसीटी जाती तो खेत में चली जाती; दीवार पर से घसीटी जाती तो थाने में आ जाती। दारोगा जी को लगा कि वह अवयस्क नासमझ किशोरी ऐसे अकेली खड़ी सुरक्षित नहीं थी। जाने वह क्यों और कैसे स्वयं को सुरक्षित मान रही थी। वह अपने खेत में खड़ी थी, इसलिए सुरक्षित थी? अपने गाँव से लगे जंगल में खड़ी थी, इसलिए स्वयं को सुरक्षित मान रही थी? या फिर थाने की दीवार से लगी खड़ी थी, इसलिए स्वयं को सुरक्षित मान रही थी; क्योंकि थाना तो होता ही लोगों की सुरक्षा के लिए है।...

किन्तु दारोगा जी की चिन्ता थी कि जो कुछ भी हो, वह लड़की घसीटी जा सकती थी; और जो कोई भी उसे घसीटेगा, वह उसकी रक्षा थोड़ी करेगा। लड़की संकट में थी। दारोगा जी किसी को संकट में नहीं देख सकते थे; और

वह भी विशेष रूप से कुँवारी नासमझ असुरक्षित किशोरी को। उसे समझदार बनाने के लिए दारोगा जी को कुछ करना होगा।... उन्होंने सिपाही को संकेत किया।

"जी दारोगा जी।"

"यार वह लड़की अकेली खड़ी है।"

"ले आऊँ?"

"वह वहाँ सुरक्षित नहीं है।"

"वहाँ कुछ करेंगे तो हम भी सुरक्षित नहीं रहेंगे। उसे थाने में ही ले आता हूँ। यहाँ सुरक्षित रहेगी।"

सिपाही बाहर आया तो देखा कि लड़की के साथ उसका एक छोटा सा भाई भी था, जो थाने के अन्दर से दिखाई नहीं पड़ रहा था।

सिपाही ने लड़की की कलाई थाम ली, "आ जा। दारोगा जी तेरी सुरक्षा की चिन्ता में दुबला रहे हैं।"

लड़की चिल्लाई। उसका भाई भी चिल्लाया।

"भाग जा, नहीं तो मार डालूँगा।" सिपाही ने लड़के को धमकाया और लड़की को थाने में घसीट लाया।

दारोगा जी ने संकेत किया। सिपाही लड़की को घसीटता हुआ एक कमरे में ले गया।

"लड़की कमरे में सुरक्षित है दारोगा जी।"

दारोगा जी अपना पाजामा सँभालते हुए कमरे में चले गये।... थोड़ी देर में लड़की का चीखना चिल्लाना बन्द हो गया। सिपाही ने मान लिया कि दारोगा जी ने उसे सँभाल लिया है; और वह सुरक्षित हो गयी है।

"अब मैं जाऊँ?" दारोगा जी के बाहर आने पर सिपाही ने पूछा।

"तू ही जा भाई। वह इतना चिल्ला रही थी कि मुझे लगा कि मैं ही सुरक्षित नहीं हूँ। उसका चिल्लाना बन्द करने की कोशिश की तो जाने क्या हुआ, वह चुप ही हो गयी।"

"मर गयी है तो एकदम सुरक्षित है, अब कोई उसका क्या कर लेगा।" सिपाही हँसता हुआ उसके कमरे में चला गया।

x x x

दिल्ली के रामलीला मैदान में बाबा रामदेव दिन भर अनशन कर रात को सो रहे थे। पुलिस को (पहली बार) समाचार मिला कि रामलीला के आसपास का क्षेत्र बड़ा संवेदनशील इलाका है। वहाँ बाबा जी एकदम सुरक्षित नहीं हैं।

किसी ने बाबा जी को मार दिया तो साम्प्रदायिक दंगा हो जाएगा। पुलिस का कर्तव्यबोध जाग उठा। पुलिस इतना बड़ा जोखिम नहीं उठा सकती थी।

बड़े अफसर ने छोटे अफसर को बुलाया, "वहाँ बाबा जी सुरक्षित नहीं हैं। वहाँ तो कोई भी उन्हें मार डालेगा। समझ रहे हो, वहाँ उनकी हत्या हो सकती है।"

"तो उनकी सुरक्षा का प्रबन्ध कर देते हैं।" छोटा अफसर बोला, "हत्या तो तब ही होगी, जब वे जीवित होंगे।"

"ठीक कह रहे हो।"

"तो फोर्स ले जाता हूँ। सोए लोग उठ कर भागेंगे। भगदड़ मचेगी। भीड़ के पैरों तले कुचले जाएँगे, तो पूरी तरह सुरक्षित हो जाएँगे। तब कोई उनकी हत्या कैसे करेगा?"

"देखो, हम कोई रिस्क नहीं ले सकते। पूरी सुरक्षा होनी चाहिए।"

"पाँच हजार जवान ले जाऊँ?"

"ठीक है। जाओ।"

x x x

पुलिस बन्दोबस्त तो चाक-चौबन्द था। फिर भी पत्रकार हैरान थे कि उस लड़की का शरीर तो थाने के घेर में ही मिल गया। पता नहीं सुरक्षा में क्या त्रुटि हुई कि बाबा का शरीर हरद्वार पहुँच गया।

(14.06.2011)

भगवान की औकात

पुलिस के सिपाहियों ने हड़ताल कर दी। कहने लगे, "आखिर हम भी आदमी हैं। हमें पेट भरने तक का तो वेतन दो।"

पुलिस-मन्त्री ने सिर पीट लिया। अफसरों को बुलाकर डाँटा-डपटा, "कैसे नालायक लोगों को पुलिस में भर्ती कर लिया है। ये लोग पुलिस में होकर भी अपना पेट नहीं भर सकते। इतने अपराध होते हैं नगर में, एक-एक से दस पैसे भी लें तो लखपति हो जायें। और ये कहते हैं इनका पेट नहीं भरता।

फिर उन्होंने करवट बदलकर पूछा, "ये लोग अपने-आपको आदमी कब से समझने लगे? हम तो आज तक उनको पुलिस का सिपाही ही समझते हैं। हम इनको इतनी ऊँची चीज समझते हैं और इन्हें शरम नहीं आती, अपने-आपको ये लोग आदमी कहते हैं। कल इन्हीं की देखा-देखी और लोग भी इन्हें आदमी समझने लगे तो फिर इनसे डरेगा कौन?"

प्रधानमन्त्री ने कहा, "ओह, मेरा देश कहाँ जा रहा है? लोग प्रभु को भूल गये हैं। तभी यह सब हो रहा है। कोई जाकर उनको बताओ कि दुष्टों का संहार प्रभु का काम है। अब वही काम पुलिस करती है। प्रभु का काम करते हुए भी कोई वेतन माँगता है क्या? जो कुछ मिले, उसे प्रभु का प्रसाद समझकर ग्रहण कर लेना चाहिए।"

वे बहुत दुखी हो गये। कातर स्वर में बोले, "इस देश के लोग अपने उच्च आदर्शों को भूल गये हैं। गीता में भगवान ने कह भी दिया है कि निष्काम कर्म करो, फिर भी लोग कर्म के लिए वेतन माँगते हैं। भगवान की बात भी नहीं मानते। भगवान की बात न माननेवाले पापी हैं। इन लोगों की कोई बात नहीं मानी जायेगी। इन सबको धार्मिक बनाओ। जब धर्म इनकी आत्मा में पैठ जायेगा, तब इनके ज्ञान-चक्षु खुलेंगे और बाहरी आँखें बन्द हो जायेंगी। तब इन्हें रोटी नहीं दिखेगी, गीता नजर आयेगी। जाओ इन लोगों में धर्म का प्रचार करो।"

पर सिपाहियों की हड़ताल नहीं टूटी। उपदेशों, धमकियों और प्रार्थनाओं से कुछ नहीं हुआ। वे अपनी बात पर अड़े रहे।

तब चोरों का एक प्रतिनिधिमंडल उनसे मिलने आया। प्रतिनिधिमंडल के नेता ने कहा, "उस्ताद! क्या कर रहे हो। तुम लोग हड़ताल पर क्या गये, हम अनाथ हो गये। जहाँ जाते हैं, पकड़े जाते हैं। इतना पिटते हैं कि हद नहीं और मिलता भी कुछ नहीं। लोग आजकल बहुत सावधान हो गये हैं। ऐसे तो हम मर जायेंगे। तुम लोग अपने काम पर लौटो, ताकि लोग तुम्हारे भरोसे असावधान हों और हम चोरी कर सके। पकड़े भी जायें तो बचाने के लिए तुम्हारा ड्यूटी पर होना जरूरी है।"

बात पुलिस की समझ में आ गयी। समझौता हो गया और हड़ताल तोड़ दी गयी।

हड़ताल के बाद से 'बाई ऑर्डर' सारी पुलिस लाइन धार्मिक बन गयी। लाइन के पुराने मन्दिर में फिर से सफेदी करायी गयी। भगवान की मूर्ति को अच्छी तरह झाड़ा-पोंछा गया; पर पुजारी की समस्या नहीं सुलझ रही थी। अब तक जो पुजारी था, वह सारे काम अपनी इच्छा से (जिसे वह भगवान की इच्छा मानता था) करता था। एस.पी. साहब की आज्ञा को वह नहीं मानता था, क्योंकि वह एस.पी. के अधीन नहीं था, भगवान के अधीन धा। उसका वेतन पुलिस से नहीं, भगवान के दरबार से आता था।

हड़ताल के बाद से एस.पी. साहब अनुशासन के पक्के हो गये थे और अपनी इच्छा के विरुद्ध हुए काम को विद्रोह मानते थे। मन्दिर का यह पंडित, लाइन का अनुशासन भंग कर रहा था। वह लाइन के भीतर भी यदि भगवान से शासित होगा तो शेष सिपाही भी ट्रेडयूनियन के नेताओं से शासित होंगे। भगवान की यह ट्रेडयूनियन वे पुलिस लाइन में नहीं चलने देंगे। लाइन में केवल उन्हीं की आज्ञा चलेगी।

एस.पी. साहब ने पंडितजी को दो घंटे का नोटिस देकर अलग कर दिया। मन्दिर को पुलिस बन्दोबस्त में ले लिया गया। अपने गाँव के एक ब्राह्मण को उन्होंने पुलिस में सिपाही के रूप में भर्ती कर, मन्दिर का कार्यभार उसको सौंप दिया। जब पुलिस का नाम ऊँचा करने के लिए, खिलाड़ियों को पुलिस में भर्ती कर, उन्हें दिन-भर अपने खेल का अभ्यास करने की छूट दी जा सकती है, तो एक ब्राह्मण को दिन-भर पूजा करने की छूट क्यों नहीं जा सकती! यह भी तो पुलिस की प्रतिष्ठा के लिए ही है।

दूसरे दिन सवेरे, परेड से पहले सब लोग बाई ऑर्डर दर्शनों के लिए मन्दिर में गये। पंडितजी ने किसी को भी दर्शन नहीं करने दिये। कहा, "भगवान अभी सो रहे हैं?"

"बहुत देर से उठते हैं भगवान!" एक सिपाही ने कहा, "हाँ! सवेरे-सवेरे

परेड पर नहीं जाना पड़ता न।"

"कब उठेंगे भगवान?" किसी ने पूछा।

"जब एस.पी. साहब आकर जगायेंगे।" पंडितजी ने उत्तर दिया।

एस.पी. साहब आये तो सब लोग सतर्क हो गये। भगवानजी उठ बैठे और पंडितजी ने कहा, "अब एक-एक आदमी आकर माथा टेक ले। भगवान जाग गये हैं।"

एस.पी. साहब ने सबसे पहले भगवान के दर्शन किये और मूर्ति के पास ही एक ओर बैठकर देखने लगे कि कौन-कौन लोग आज दर्शनों के लिए नहीं आये हैं।

एक-एक सिपाही अपनी जगह से उठता, पहले एस.पी. साहब को 'सलाम' करता और फिर भगवान के दर्शन कर प्रसाद पाता।

पंडितजी सबको धीरे-धीरे कान में बताते जा रहे थे, "अब वेतन बढ़ाने की माँग मत करना। भगवान के प्रसाद पर ही पुलिस-फंड का बहुत सारा पैसा खर्च होता जा रहा है।"

सब लोग दर्शन कर चुके तो कथा आरम्भ हुई।

पंडितजी गीता का पाठ कर रहे थे, "भगवान ने कहा, हे अर्जुन! मैं मनुष्यों में ब्राह्मण, पशुओं में गाय, पेड़ों में पीपल और पुलिस में एस.पी. साहब के शरीर में वास करता हूँ। तू उन्हें मेरा ही रूप समझ..."

पंडितजी ने गीता में, अपने हाथ से उर्दू अक्षरों में 'पुलिस में एस.पी. साहब' शब्द लिख रखे थे। उन्होंने एस.पी. साहब को भगवान का रूप बताकर एस.पी. साहब का पुलिसराज पक्का कर दिया था और साहब ने उनकी नौकरी पक्की कर दी थी।

परेड पर साहब ने सिपाहियों की वर्दी और उनके अंग-संचालन का निरीक्षण नहीं किया। उन्होंने सबके माथे को गौर से देखा, किसके माथे पर तिलक नहीं है? कौन-कौन मन्दिर नहीं गया? कौन-कौन विद्रोही है? अब भगवान का विद्रोही, पुलिस का भी विद्रोही था। भगवान और एस.पी. साहब की पार्टी एक ही हो गयी थी। एक ही आदमी दोनों का पुजारी था।

मातापरसाद के माथे पर तिलक नहीं था। साहब उसके सामने रुक गये।

"तुम मन्दिर नहीं गये!"

"जी! गया था।" वह बोला।

"माथे पर तिलक क्यों नहीं है?"

"जी, घरवाली ने पोंछ दिया।"

"क्यों पोंछ दिया? भगवान का तिलक भी कोई पोंछता है?"

"जी, उसने कहा कि पुलिस की वर्दी के साथ तिलक नहीं लगाते।"

"क्यों?" साहब ने पूछा, "किस शास्त्र में लिखा है?"

"पता नहीं जी!" मातापरसाद बोला, "वह कहती है कि लोग मुझे भगत समझ लेंगे।'

"तो क्या होगा?"

"जी। भगत समझकर रिश्वत देते हुए सब डरेंगे। हमारी ऊपरी आमदनी मारी जायेगी।"

"नहीं मारी जायेगी।" साहब बोले, "भगत भी भगवान का प्रसाद ले सकता है। वह रिश्वत नहीं, चढ़ावा है।"

एस.पी. साहब ने दफ्तर में हेडक्लर्क से कहा, "पुलिस यूनिफार्मवाले नियमों में एक नियम और जोड़ दो, कि वर्दी के साथ माथे पर तिलक लगा हुआ होना चाहिए। वह तिलक रोज सवेरे मन्दिर में पंडितजी लगायेंगे। इस विषय में किसी की पत्नी की कोई आपत्ति नहीं सुनी जायेगी। हुक्म एस.पी. का चलेगा, किसी की पत्नी का नहीं।"

फिर एस.पी. साहब ने पंडितजी को बुलवाया। बोले, "पंडितजी! कल के लिए कथा लिखो।"

पंडितजी कलम-दवात लेकर बैठ गये।

एस.पी. साहब बोले, "जब पृथ्वी राक्षसों के पापों से बहुत दुखी हो गयी तो वह ब्रह्मा के पास गयी। ब्रह्मा ने पृथ्वी का दुख सुना तो रो दिये और पृथ्वी का केस विष्णु भगवान के पास भेज दिया। विष्णु भगवान ने पृथ्वी का दुख सुनकर कहा, 'रोओ मत! ये राक्षस मेरे स्टेनो की गलती के कारण एक वरदान पा गये हैं। इसलिए वे पृथ्वी पर तीन जन्म लेंगे। राक्षसों का नेता बड़ा दुष्टात्मा और पापी है। वह त्रेता में रावण बनेगा और सीता को चुरायेगा, द्वापर में कंस बनेगा और देवकी की सन्तानों को मारेगा। कलियुग में वह ट्रेडयूनियन का नेता रामलुभाया बनेगा और सिपाहियों को हड़ताल के लिए उकसायेगा। हे पृथ्वी! तुम भय मत करो। मैं स्वयं त्रेता में राम बनकर आऊँगा और तुम्हारा उद्धार करूँगा। द्वापर में कृष्ण के रूप में कंस की हत्या कर, पाप को रोकूँगा और कलियुग में एस.पी. वर्मा बनकर, पुलिस फोर्स को रामलुभाया के अत्याचारों से बचाऊँगा।' पृथ्वी भगवान को सलामी देकर चली आयी।"

"पर साहब! पंडितजी ने शंका की, "यदि किसी ने पूछा कि यह कथा किस पुराण में आती है तो?"

"तुम इसको टाइप करवाकर मुझसे अटेस्ट करवा लो। मैं इस पर लिख

दूँगा कि यह कथा पुलिस-पुराण में आती है और भगवान ने ये बातें मेरे सामने कही थीं। कोई शंका हरे तो उसे वह अटेस्टेड कापी दिखा देना।"

"और यदि भगवान ही शंका कर बैठे तो?" पंडितजी ने भक्ति से गद्गद हो शंका की।

साहब में क्रोध जागा, पंडित भी विद्रोही हो रहा है। चीखकर बोले, "तो भगवान को लाइन के मन्दिर से जेल के मन्दिर में ट्रांस्फर करवा दूँगा और तुम्हारी चौबीस घंटों के नोटिस के बाद छुट्टी कर दूँगा।"

पंडितजी की आशंकाएँ बह गयीं। उनके मन में ज्ञान जागा। उन्होंने गद्गद होकर भक्ति से साहब को सैल्यूट मारा और बोले, "मैं भगवान को समझा दूँगा कि वे अपनी औकात में रहें। उन पर हजूर नाराज न हों, पुलिस की नौकरी में अभी नये-नये ही आये हैं।"

अमरीकन जाँघिया

माथुर साहब खुली छत पर खड़े थे। सारा शरीर नंगा था। हनुमानजी के लंगोट के बराबर, छोटा-सा लाल रंग का जाँघिया पहन रखा था।

मैं संकुचित हो गया, जैसे पेटीकोट में घर से गली में निकल आयी किसी औरत को देखकर सकुचा जाता हूँ। ऐसी स्थिति में मेरी दृष्टि उन पर नहीं पड़नी चाहिए थी। शायद वे बाथरूम से निकले थे, अभी भीतर जाकर कपड़े पहन लेंगे। पर, वे अपनी छत का मध्य भाग छोड़ आगे आ गये, ताकि गली के जिन कोनों से वे देखे नहीं जा सकते थे, वहाँ भी देखे जा सके।

मेरे पोंगापन्थी मन को बुरा लगा। मैं एक भले आदमी को, भरे मुहल्ले में, इस प्रकार नंग-धड़ंग खड़ा नहीं देख सका। आँखें झुका लीं और चाल तेज कर दी।

"अजी कोहली साहब! नजरें चुराये, कहाँ भागे जा रहे हैं?" वे सीढ़ियाँ उतरकर गली में आ गये।

मैंने अपने मन को डाँटा, 'अबे नंगा वह है और शरमा तू रहा है। मर्द बन।' "आपसे कौन आँखें मिला सकता है माथुर साहब।"

"क्यों जी! ऐसी क्या बात है?" उन्होंने अपने लाल जाँघिये पर प्यार का हाथ फिराया।

"नंगे से तो खुद भी घबराता है। हम तो फिर आपके मुहल्ले के एक आदमी-भर हैं।"

उन्होंने अपने भद्दे, थुलथुल शरीर पर गर्व-भरी एक दृष्टि डाली, "अजी वह तो यूँ ही जरा गर्मी लग रही थी, इसलिए बाहरी कपड़े उतार दिये।"

"हाँ साहब!" आप लोगों को अधिकार है, जब चाहें, अमरीकनों के समान बीच चौराहे अपने कपड़े उतार दें।"

"आप तो मजाक कर रहे हैं।" वे मेरे मजाक पर हँस पड़े, "वैसे यह आपको मानना पड़ेगा, आजकल गर्मी बहुत पड़ रही है।"

"जब आप अमरीकन एम्बैसी में नहीं थे, तब तो आप सारी गर्मियों धोती-बंडी में ही काट देते थे।"

उनके चेहरे पर मलाल आ गया। अपने उन दिनों की चर्चा शायद उन्हें अच्छी नहीं लगी थी।

"तब की बात कुछ और थी साहब! पर अब गर्मी सचमुच ही अधिक हो गयी है।"

"हाँ, हो तो गयी है।" मैंने कहा, "अमरीका ठंडा देश जो ठहरा।"

वे हँसकर मुझे ऐसे टाल गये, जैसे कोई हाथ हिलाकर मक्खी उड़ा देता है। अब तक मैं कुछ धृष्ट हो गया था। पूछा, "इम्पोर्टेड है?"

"क्या?"

और फिर मेरा तात्पर्य समझ, उन्होंने अपने लाल जाँघिये को बड़े प्यार से सहलाया, "हाँ! हमारी एम्बैसी के मिस्टर किथकिन अमरीका लौट रहे थे। अपना सामान वे ले जाना चाहते नहीं थे। उन्होंने अपनी चीजों की नीलामी की। उसी में से ले लिया है।"

"काफी ऊँची बोली दी होगी।"

उनके स्वर में आकस्मिक आवेश भर उठा, "अजी साहब! पूछिये मत। बोली तो यूँ ऊपर चढ़ रही थी," जैसे दिल्ली में जमीन के भाव चढ़े हैं। लोग टूटे पड़ रहे थे। मैं तो एकदम निराश हो गया था। पर लगता है, ग्रह अच्छे थे। भगवान ने सहायता की। हायेस्ट बिंड मेरी ही रही।"

"न मिलता, तो आपको काफी तकलीफ होती।"

"हाँ, मन को समझा लेते कि अपनी किस्मत में ही नहीं था। पर मिल ही गया।"

वे अत्यन्त प्रसन्न थे।

"फिटिंग बढ़िया है।" मैंने मुग्ध दृष्टि से जाँघिये को देखा।

"हाँ! काफी कम्फर्टेबल है।"

"कोई हिन्दुस्तानी दर्जी तो ऐसी चीज क्या बनायेगा।"

"अजी! राम का नाम लो।" उन्होंने मुँह बनाया, "यहाँ किस साले को कपड़े सीने का शऊर है। पता नहीं क्या करते हैं; लोग घास छीलते-छीलते कपड़े सीने लगते हैं।"

वे फिर जाँघिये को निहारने लगे थे।

"इसी समस्या के मारे मैं धोती बाँधता हूँ। फिटिंग की तो समस्या नहीं है न।"

"हाँ, दर्जियों की हालत से तो आप बच जाते हैं, पर सच पूछा जाये तो धोती कोई ड्रेस नहीं है। उसमें आदमी नंगा होता रहता है।"

"हाँ साहब! जाँघिये की और ही शान है। और वह भी अमरीकन जाँघिया।" मैंने हथियार डाल दिये।

वे ऐसी मुग्ध दृष्टि से जाँघिये को पी रहे थे, जैसे काई नया प्रेमी अपनी प्रेमिका के रूप को पीता है।

"ऐसा शेड आपको भारत में नहीं मिलेगा।" मैंने फिर चर्चा आरम्भ की।

"मैंने एक-एक दुकान छान मारी है।" वे तुरन्त मुझसे सहमत हो गये, "ऐसा रंग तो दूर, इसके आसपास का भी कोई रंग नहीं मिला। खास अमरीकन फार्मूले पर बना हुआ है। अपने देसी रंग तो इसके पासंग भी नहीं हैं।"

"इसकी चमक लाजवाब है।"

"अजी दो पतलूनों में भी इसकी चमक नहीं छिपती। नीचे पहनकर दफ्तर जाता हूँ तो पतलून के भीतर से अपना रंग दिखाता है। बिना बताये ही सब लोग जान जाते हैं कि इम्पोर्टेड है।"

"पता नहीं हिन्दुस्तानी लोग कपड़े में ऐसी चमक क्यों नहीं ला सकते।" मैंने आह भरकर कहा।

"अजी, ऐसी चमक लाने के लिए बड़ी डेवलप्ड इंडस्ट्री होनी चाहिए। अपना देश अभी बहुत पिछड़ा हुआ है।" सहसा उन्होंने आवाज दबाकर भेद-भरे स्वर में कहा, "बिना ईमानदारी और कठिन परिश्रम के इंडस्ट्री आगे नहीं बढ़ सकती और अपने यहाँ ईमानदारी तो ईमानदारी, कैरेक्टर ही सिरे से गायब है। आपसे क्या छिपाना... आप अपने ही आदमी है। मेरे सेक्शन में छः अमरीकन हैं और हम दो हिन्दुस्तानी। पर ऊपरी आमदनी केवल हम दोनों की ही है...।"

मैंने बड़ी करुण दृष्टि से उसे देखा, वह आदमी अपने अमरीकन जाँघिये की प्रशंसा में अपने-आपको नंगा करता जा रहा था।

"आप इस जाँघिये को पहनकर सोते भी हैं या केवल गली में खड़े होते समय ही इसे पहनते हैं?" मैंने पूछ लिया।

"कभी-कभी पहनकर सो भी जाता हूँ।" वे आश्वस्त होकर मुस्कराये, "सोने में एकदम तकलीफदेह नहीं है।"

"पर ऐसी शानदार चीज पहनकर सोने से क्या लाभ?" मैंने टोका, "जल्दी घिस जायेगा। इसे तो आपको केवल विशेष अवसरों के लिए सँभालकर रखना चाहिए। ऐसे जाँघिये कौन-से रोज मिल जाते हैं।"

"आप कहते तो ठीक हैं कोहली साहब।" वे मुझसे सहमत हो गये, "पर इम्पोर्टेड चीज लेने का लाभ तो तभी है, जब उसका पूरा उपयोग किया जाये। मैं उन लोगों में से नहीं हूँ, जो इम्पोर्टेड कपड़े वार्डरोब में टाँगकर अपनी शान बढ़ाते हैं। मैं तो उनसे कसकर काम लेने के पक्ष में हूँ...।"

"फिर भी, पहनकर सोने...।" मेरा स्वर काफी पीड़ित था।

"बात यह है भाई जान।" वे बोले, "कि यह जाँघिया मल्टी पर्पज है। इसे नाइट सूट के समान भी पहना जा सकता है, यह ईवनिंग सूट का काम भी देता है, इसे आप सूट के नीचे पहनकर दफ्तर भी जा सकते हैं। यानी जहाँ जैसे जो सूट करे।"

"तो यह अमरीकन पालिसी के अनुसार ही बनाया गया है।"

"बिल्कुल! बिल्कुल!!"

"पर इसे पहनकर सोने से आपको मच्छर नहीं काटते?"

वे बड़प्पन से मुस्कराये, "अब देखिये, फारेन ड्रेस पहनने से अपने देश की क्लाइमेट में कुछ-न-कुछ तकलीफ तो उठानी ही पड़ती है। मच्छर तो काटते ही हैं।" "हाँ जी। ये एशियाई कीड़े-मकोड़े अमरीकनों का एकदम लिहाज नहीं करते। अब देखिये, वियतनामियों ने अमरीका की क्या गत बना रखी है...।"

"वह तो पोलिटिक्स की बात है।" वे बोले।

अर्थात् वह उनके जाँघिये की बात नहीं थी। अतः उसमें रुचि नहीं थी।

"भाभी के लिए आपने कोई अमरीकन ड्रेस नहीं खरीदा? आखिर उन्हें भी तो गर्मी लगती होगी।" मैंने पूछा।

"हैं—हैं" वे हँस पड़े, "वे भी मुझसे इसी बात को लेकर नाराज हैं। पर कैसे खरीदता। मिस्टर किथकिन तो कुँवारे ही हैं। वैसे मैं सोच रहा हूँ, किसी को लिखकर सीधे वहीं से मँगवा लूँ।"

"जरूर-जरूर।" मैंने सलाह दी, "सीधे अमरीकन प्रेजिडेंट को ही लिखिये। वे तो कब से इस कोशिश में हैं कि सारे देश उनके जाँघिये पहनने के लिए नंगे हो जायें।"

"आपकी बड़ी आर्थोडॉक्स थिंकिंग है। इसे आप नंगा होना कहते हैं।" वे मेरी नादानी पर हँस दिये।

"नहीं, नंगा तो मैं हूँ। आँखें उठाकर पूरी तरह आपकी ओर देख भी नहीं सकता।"

उन्होंने मेरी बात का एकदम बुरा नहीं माना। परोपकार की भावना से प्रेरित होकर तुरन्त बोले, "आपको पसन्द हो तो आपके लिए भी कोई जुगाड़ लगाऊँ। कुछ जाँघिये रफू होने के लिए दर्जी के पास गये हुए थे। तब नहीं बिके थे, अब बिकेंगे।" "भगवान ऐसी मुसीबत की घड़ी न लाये। इतनी गर्मी का लगना राष्ट्रीय हित में नहीं है।"

"आप तो बात को फिर पोलिटकल लेवल पर ले गये।" वे बोले, "मैं तो दोस्ताना बात कह रहा था।"

"आपकी दोस्ती के पोलिटिक्स को भी लोग समझने लगे हैं।"

वे पहली बार पूरी तरह उदास हो गये! उनके चेहरे पर निक्सन की निराशा और क्षोभ था। एक काला देश, उनकी सहायता के प्रस्ताव को ठुकरा रहा था।

❑❑❑